JN063919

実務叢書 わかりやすい不動産の適正取引 シリーズ

不動産取引 Q&A

監修：熊谷 則一
編著：（一財）不動産適正取引推進機構

は じ め に

　当機構では、不動産取引に関する電話相談を実施しておりますが、一般消費者の方のみならず、不動産事業者の方、関係行政機関の方も含めた広範囲の方々から、ご相談の電話をいただいており、ここ何年かは年間１万件を超えるご相談をいただく状況となっております。近時の宅地建物取引を取り巻く法令の制定や改正の動きなどに伴い、電話相談の件数も増加傾向にあります。

　今般、この電話相談で当機構が受けた相談事例を中心に、不動産取引に関する事例について、本書に取りまとめることといたしました。各事例については、Ｑ＆Ａ形式に分かりやすくまとめ、事例についての考え方を解説するとともに参考となる法令を掲載いたしました。

　また、近時の民法改正や建物状況報告、水害ハザードマップに関する法令改正、自然災害対応、コロナウィルス感染症対応などの事例もできる限り加えるようにいたしました。

　本書が不動産取引に関わる多くの方々のご参考となれば幸いです。

　本書の取りまとめに当たりましては、弁護士　熊谷則一先生にご監修をいただきました。この場を借りまして熊谷先生に厚く御礼申しあげます。

　なお、本書の作成に当たっては、下記の資料を引用又は参照させていただいております。
・法務省「2020年４月１日から保証に関する民法のルールが大きく変わります」
・法務省「新型コロナウィルス感染症の影響を受けた賃貸借契約の当事者の皆様へ〜賃貸借契約についての基本的なルール〜」
・国土交通省「民法改正を受けた賃貸住宅標準契約書Ｑ＆Ａ」
・国土交通省「改正宅地建物取引業法に関するＱ＆Ａ〜「宅地建物取引業法」改正に伴う新たな制度に関して〜」
・国土交通省「宅地建物取引業法施行規則の一部改正（水害リスク情報の重要事項説明への追加）に関するＱ＆Ａ」

　　令和３年12月

　　　　　　　　　　　　　　　一般財団法人　不動産適正取引推進機構

はじめに

第1章　売　買

第2章　賃　貸 （Q54〜Q62 自然災害・新型コロナウィルス）

第3章　建物状況調査

第4章 水害ハザードマップ

第1章

売　買

媒介契約

不動産の売却について宅建業者と媒介契約を締結すると、宅建業者には指定流通機構に登録する義務があるようですが、宅地建物取引業法の中にどのような定めがあるのでしょうか。

A 宅建業者は、不動産の売却依頼を受けて媒介契約を締結したときは、専任媒介契約では締結の日から７日以内、専属専任媒介契約では５日以内に指定流通機構に登録義務があると宅地建物取引業法に定められています。一般媒介契約の場合は登録義務はありません。

なお、宅建業者は登録した証として、指定流通機構の登録済証を依頼者に渡さなければなりません。

【参照条文】

宅地建物取引業法

（媒介契約）

第三十四条の二 　（略）

２〜４ 　（略）

5　宅地建物取引業者は、専任媒介契約を締結したときは、契約の相手方を探索するため、国土交通省令で定める期間内に、当該専任媒介契約の目的物である宅地又は建物につき、所在、規模、形質、売買すべき価額その他国土交通省令で定める事項を、国土交通省令で定めるところにより、国土交通大臣が指定する者（以下「指定流通機構」という。）に登録しなければならない。

6　前項の規定による登録をした宅地建物取引業者は、第五十条の六に規定する登録を証する書面を遅滞なく依頼者に引き渡さなければならない。

7〜9 　（略）

宅地建物取引業法施行規則

（指定流通機構への登録期間）

第十五条の十　法第三十四条の二第五項の国土交通省令で定める期間は、専任媒介契約の締結の日から七日（専属専任媒介契約にあつては、五日）とする。

2　前項の期間の計算については、休業日数は算入しないものとする。

媒介契約の解除（不信感）

　自宅の売却を考え、最寄り駅にある仲介業者に相談し、先日、専任媒介契約を締結しました。ところが仲介業者が積極的な販売活動を行ってくれず、対応も悪いため、専任媒介契約の解除を考えています。専任媒介契約を解除できますか。

A　宅地建物取引業法では、宅地建物取引業者は信義を旨とし、誠実にその業務を行わなければならないとあり、また、媒介契約を締結したときの指定流通機構への登録義務や、業務報告義務なども規定されています。
　一般的な媒介契約書の「契約の解除」の条項でも、仲介業者が信義則に違反したときなどは、無催告にて解除できると定められており、また、媒介契約に定める義務の履行をしない場合には、相手方に対して履行の催告をしても履行がないときは解除できると定められています。
　積極的な販売活動を行ってくれないとのことですが、指定流通機構への登録を怠ったり、専任媒介なら2週間に1回、専属専任媒介なら1週間に1回の業務報告を怠った場合であれば、媒介契約に定める義務の履行をしない場合に該当すると考えられます。したがって、これらの媒介契約上の義務を履行するように催告し、それでも履行されなければ、専任媒介契約を解除することができます。

【参照条文】
宅地建物取引業法
（宅地建物取引業者の業務処理の原則）
第三十一条　宅地建物取引業者は、取引の関係者に対し、信義を旨とし、誠実にその業務を行わなければならない。
2　（略）

（媒介契約）
第三十四条の二　（略）
2〜4　（略）
5　宅地建物取引業者は、専任媒介契約を締結したときは、契約の相手方を探索するため、国土交通省令で定める期間内に、当該専任媒介契約の目的物である宅地又は建物につき、所在、規模、形質、売買すべき価額その他国土交通省令で定める事項を、国土交通省令で定めるところにより、国土交通大臣が指定する者（以下「指定流通機構」とい

う。）に登録しなければならない。

6 　前項の規定による登録をした宅地建物取引業者は、第五十条の六に規定する登録を証
する書面を遅滞なく依頼者に引き渡さなければならない。

7・8 　（略）

9 　専任媒介契約を締結した宅地建物取引業者は、前項に定めるもののほか、依頼者に対
し、当該専任媒介契約に係る業務の処理状況を二週間に一回以上（依頼者が当該宅地建
物取引業者が探索した相手方以外の者と売買又は交換の契約を締結することができない
旨の特約を含む専任媒介契約にあつては、一週間に一回以上）報告しなければならな
い。

10 　（略）

Q3 手数料を受領しない買主との媒介契約

　新築分譲マンションの販売代理業者から客付けを依頼されましたが、買主からは手数料を受領しないように言われています。媒介した買主から手数料を受領しない場合でも、買主と媒介契約を書面で締結する必要があるのでしょうか。

A　宅建業法は、依頼者と媒介の契約を締結したときは、一定の事項を記載した書面（媒介契約書）の交付を義務付けています（宅建業法第三十四条の二）。媒介契約書の交付義務は、媒介報酬の授受にかかわらず適用になります。したがって、買主の依頼を受けて媒介業務を行うのであれば、媒介契約が成立することになるので、媒介契約の内容を宅建業法第34条の2に基づいて書面に記載し、または宅建業法第34条の2に定められた内容の媒介契約を書面で締結して買主にこれらの書面を交付しなければなりません。

【参照条文】

宅地建物取引業法

（媒介契約）

第三十四条の二　宅地建物取引業者は、宅地又は建物の売買又は交換の媒介の契約（以下この条において「媒介契約」という。）を締結したときは、遅滞なく、次に掲げる事項を記載した書面を作成して記名押印し、依頼者にこれを交付しなければならない。

　（以下略）

Q4 広告費の請求

　自宅の売却を仲介業者に依頼したところ、広告代として10万円の請求を受けました。実施した広告は、不動産広告サイトへの掲載ですが、どのような広告をするのか、広告費はかかるのか等については事前に説明を受けていませんでした。

　仲介業者は、「この広告費は、媒介契約書に記載した特別依頼に係る費用である」と主張していますが、広告代10万円は支払わなくてはならないのでしょうか。

A　報酬告示によれば、仲介業者が受領することができる広告費は、「依頼者の依頼によって行う広告」の料金に相当する額だけです（報酬告示第9①）。

　しかも、「宅地建物取引業法の解釈・運用の考え方」には、宅地建物取引業者は依頼者から特別に広告の依頼等を受けたときは、あらかじめ請求する費用の見積りを説明してから実行すべきとあり、さらに、指定流通機構への登録も仲介業者負担とされています。売主が特別に依頼した広告でなければ、仲介業者は宅地建物取引業法第46条に定められた報酬額しか受け取ることはできませんから、ご質問のような事情であれば、広告代10万円を支払う必要はないと考えられます。

【参照条文】

宅地建物取引業法

（報酬）

第四十六条　宅地建物取引業者が宅地又は建物の売買、交換又は賃借の代理又は媒介に関して受けることのできる報酬の額は、国土交通大臣の定めるところによる。

2〜4　（略）

昭和四十五年建設省告示第千五百五十二号

　宅地建物取引業者が宅地又は建物の売買等に関して受けることができる報酬の額

　　第一　（略）

　　第二　売買又は交換の媒介に関する報酬の額

　　　　宅地建物取引業者（課税業者（消費税法第五条第一項の規定により消費税を納める義務がある事業者をいい、同法第九条一項本文の規定により消費税を納める義務が免除される事業者を除く。）である場合に限る。第三から第五まで、第七、第八及び第九①において同じ。）が宅地又は建物（建物の一部を含む。以下同

じ。）の売買又は交換の媒介に関して依頼者から受けることのできる報酬の額（当該媒介に係る消費税相当額を含む。）は、依頼者の一方につき、それぞれ当該売買に係る代金の額（当該売買に係る消費税等相当額を含まないものとする。）又は当該交換に係る宅地又は建物の価額（当該交換に係る消費税等相当額を含まないものとし、当該交換に係る宅地又は建物の価値に差があるときは、これらの価額のうちいずれか多い価額とする。）を次の表の上欄に掲げる金額に区分してそれぞれの金額に同表の下欄に掲げる割合を乗じて得た金額を合計した金額以内とする。

二百万円以下の金額	百分の五・五
二百万円を超え四百万円以下の金額	百分の四・四
四百万円を超える金額	百分の三・三

第三～第八　（略）

第九　第二から第八までの規定によらない報酬の受領の禁止

① 宅地建物取引業者は、宅地又は建物の売買、交換又は貸借の代理又は媒介に関し、第二から第八までの規定によるほか、報酬を受けることができない。ただし、依頼者の依頼によつて行う広告の料金に相当する額については、この限りでない。

② 消費税法第九条第一項本文の規定により消費税を納める義務を免除される宅地建物取引業者が、宅地又は建物の売買、交換又は貸借の代理又は媒介に関し受けることができる報酬の額は、第二から第八までの規定に準じて算出した額に百八分の百を乗じて得た額、当該代理又は媒介における仕入れに係る消費税等相当額及び①ただし書に規定する額を合計した金額以内とする。

宅地建物取引業法の解釈・運用の考え方
法第三十四条の二関係
1・2　（略）
3　標準媒介契約約款について
(1)・(2)　（略）
(3)①～④　（略）

⑤　特別依頼に係る費用について

指定流通機構への情報登録はもちろん、通常の広告、物件調査等のための費用は、宅地建物取引業者の負担となる。また、宅地建物取引業者は依頼者から特別に広告の依頼や遠隔地への出張の依頼を受けたときは、あらかじめ、依頼者に標準媒介契約約款の定めに基づき請求する費用の見積りを説明してから実行するべきである。

⑥～⑩　（略）

5 媒介手数料と不動産コンサルティング料

売主（又は買主）と不動産コンサルティング契約又は業務委託契約を締結していれば、仲介手数料とは別にコンサルティング料又は業務委託料を受領することができるのでしょうか。

A 宅建業者が、媒介業務以外の関連業務を行う場合には、媒介契約とは別に、業務内容、報酬等を明確にした書面により契約を締結することで、媒介業務に係る報酬とは別に当該業務に係る報酬を受けることができます。ただし、媒介業務とは異なるコンサルティング業務を実施するという実態が必要です。コンサルティングという名目だけで、業務の内容が実質的には媒介業務の範囲のものであるときは、コンサルティング等の契約を締結していたとしても、コンサルティング料等を別途受領することはできません。媒介報酬規制違反になることもあります。

なお、媒介業務以外の関連業務を行う場合には、あらかじめ業務内容に応じた料金設定をするなど、報酬額も明確にすることが必要です。

【参照条文】

宅地建物取引業法の解釈・運用の考え方
第三十四条の二関係

宅地建物取引業者は、媒介契約の締結に先立ち、媒介業務を依頼しようとする者に対して、不動産取引の全体像や受託しようとする媒介業務の範囲について書面を交付して説明することが望ましい。

この場合、交付する書面は、別添1を参考とすることが望ましい。宅地建物取引業者は、媒介契約を締結する際には、依頼者に専属専任媒介契約、専任媒介契約、一般媒介契約の相違点を十分に説明し、依頼者の意思を十分確認した上で、媒介契約を締結するものとする。

また、宅地建物取引業者は、媒介契約を締結する際に、売買等の契約当事者の一方からのみ媒介の委託を受けることを依頼者に約した場合には、その旨を媒介契約書に明記すること。

1～7　（略）

8　不動産取引に関連する他の業務との関係について

宅地建物取引業者に対しては、媒介業務のみならず、金融機関、司法書士、土壌汚染調査機関等の不動産取引に関連する他の多くの専門家と協働する中で、消費者の意向を踏まえながら、不動産取引について全体的な流れを分かりやすく説明し、適切な助言を行い、総合的に調整する役割が期待されている。また、宅地建物取引業者自らも積極的に媒介業務以外の不動産取引に関連する業務の提供に努めることが期待されている。ま

　た、宅地建物取引業者自らが媒介業務以外の関連業務を行う場合には、媒介業務との区分を明確化するため、媒介契約とは別に、業務内容、報酬額等を明らかにした書面により契約を締結すること。特に、宅地建物取引業者が不動産コンサルティング業務を行う場合には、媒介業務との区分を明確化するため、あらかじめ契約内容を十分に説明して依頼者の理解を得た上で契約を締結し、成果物は書面で交付すること。

宅地建物取引業法解釈・運用の考え方
第四十六条の第一項関係
１～５　（略）
６　**不動産取引に関連する他の業務に係る報酬について**

　宅地建物取引業者が、「第34条の２関係７」に従って、媒介業務以外の不動産取引に関連する業務を行う場合には、媒介業務に係る報酬とは別に当該業務に係る報酬を受けることができるが、この場合にも、あらかじめ業務内容に応じた料金設定をするなど、報酬額の明確化を図ること。

低廉な空家の仲介手数料

不動産売買の仲介手数料は、売買価格の200万円以下部分は5％、200万円を超えて400万円以下部分は4％、400万円を超える部分は3％（いずれも消費税額除く）だと思うのですが、低廉な空家等の売買に係る仲介手数料は別に定めがあるのでしょうか。

A 空家・空地の流通円滑化に向けた特例として、宅建業者が受領できる報酬額を定めた告示が平成30年1月1日から施行されました。

低廉（売買代金400万円以下）な空家等の売買・交換等の媒介に際し、通常の媒介と比較して現地調査等の費用を要するものについては、宅建業者は現行の報酬上限額に加え、当該調査に要する費用相当額を合計した額（税抜18万円を上限とする）を売主から受領できるようになりました。

例：売買代金300万円の売買仲介をする場合で、通常以上に調査費用等相当額が5万円かかる場合

（従来の報酬額）200万円×5％＋100万円×4％＝14万円

（改正後の報酬額）14万円＋5万円＝19万円⇒18万円（上限額）

ただし、宅建業者は売主に対しあらかじめ調査費用等について説明を行い、合意を得ることが必要です。また、この特例は売主に対して請求する報酬に限り適用されます。

【参照条文】

昭和四十五年建設省告示第千五百五十二号

宅地建物取引業者が宅地又は建物の売買等に関して受けることができる報酬の額

第一～第六　（略）

第七　空家等の売買又は交換の媒介における特例

低廉な空家等（売買に係る代金の額（当該売買に係る消費税相当額を含まないものとする）又は交換に係る宅地若しくは建物の価格（当該交換に係る消費税相当額を含まないものとし、当該交換に係る宅地又は建物の価格に差があるときは、これらの価格のうちいずれか多い額とする）が四百万円以下の金額の宅地又は建物をいう。以下「空家等」という。）の売買又は交換の媒介であって、通常の売買又は交換の媒介と比較して現地調査等の費用を要するものについては、宅地建物取引業者が空家等の売買又は交換の媒介に関して依頼者（空家等の売主又は交換を行う者である依頼者に限る）から受け取ることのできる報酬額（当該媒介に係る消費税等相当額を含む。以下この規定において同じ。）は、第二の規定の計算方法により算出した金額と当該現地調査等に要する費用に相当する額を合

計した金額以内とする。この場合において、当該依頼者から受ける報酬の額は十八万円の一・一倍に相当する金額を超えてはならない。

第八～第九　（略）

Q7 媒介報酬

代理の場合、宅建業者は、媒介の場合の２倍の報酬を請求出来ることになっているとのことですが、例えば、代金1,000万円で契約が成立したとすれば、72万円（(1,000万円×３％＋６万円)×２）を上限として報酬を受領できる（消費税は別途受領）のでしょうか。

A 確かに、売買の代理の依頼を受けた宅建業者は、媒介の場合の２倍、この例では、72万円を上限として報酬を受けられるのが原則です（報酬告示第三本文）。しかし、もし、買主側にも媒介等の依頼を受けた宅建業者が存在し、同者が買主から36万円（1,000万円×３％＋６万円）を受領するとすれば、売主の代理を受けた宅建業者は、72万円－36万円＝36万円の限度で、売主から報酬を受け取ることができることになります。同じ場合に、仮に、買主側の宅建業者が、30万円の報酬を受領する場合は、売主側の宅建業者は、72万円－30万円＝42万円を上限として報酬を受けられることになります（報酬告示第三ただし書）。

一つの取引に複数の宅建業者が関与する場合、関与した宅建業者が依頼者の一方から受領する報酬の合計は、報酬告示の上限額を超えることはできません。また、取引の当事者双方が別々の業者に代理または媒介を依頼した場合には、双方の報酬額の総計は、告示で定める額（一方から受けられる額の２倍）以内に収まっていなければなりません。

【参照条文】

昭和四十五年建設省告示第千五百五十二号

宅地建物取引業者が宅地又は建物の売買等に関して受けることができる報酬の額

第一～第二　（略）

第三　売買又は交換の代理に関する報酬の額

宅地建物取引業者が宅地又は建物の売買又は交換の代理に関して依頼者から受けることのできる報酬の額（当該代理に係る消費税等相当額を含む。以下この規定において同じ。）は、第２の計算方法により算出した金額の２倍以内とする。ただし、宅地建物取引業者が当該売買又は交換の相手方から報酬を受ける場合においては、その報酬の額と代理の依頼者から受ける報酬の額の合計額が第２の計算方法により算出した金額の２倍を超えてはならない。

第四～第九　（略）

宅地建物取引業法の解釈・運用の考え方
第四十六条第一項関係
1　（略）
2　複数の宅地建物取引業者が介在する媒介について
　⑴　複数の宅地建物取引業者が一個の宅地又は建物の売買又は交換の媒介をしたとき
　　は、その複数の宅地建物取引業者が依頼者の一方から受領する報酬額の総額が告示第
　　2の計算方法により算出した金額以内でなければならない。
　⑵　複数の宅地建物取引業者が一個の売買等の代理又は代理及び媒介をしたときは、そ
　　の複数の宅地建物取引業者が受領する報酬額の総額が告示第2の計算方法により算出
　　した金額の2倍以内でなければならない。
3～6　（略）

Q8 中古マンション売買における重要事項説明 ①

マンションの管理規約が膨大ですが、どこまで重要事項説明書に記載・説明しなければならないのでしょうか。

A マンション等の規約その他の定めは、通常相当な分量となるため、「宅地建物取引業法の解釈・運用の考え方」では「⑴共用部分に関する規約の定め⑵専有部分に関する規約等の定め、⑶専用使用権に関する規約等の定め、⑷修繕積立金等に関する規約等の定め、⑸金銭的な負担を特定の者にのみ減免する規約の定め」に限って重要事項説明義務を課すこととするとされています。

また、重要事項説明書への記載方法は、その要点を記載すれば足りるとされ、記載に代えて規約等を別添する（この場合、該当箇所をマーカー等により明示する等により買主の理解がなされるよう配慮が必要）方法でもよいとされています。

【参照条文】

宅地建物取引業法の解釈・運用の考え方
第三十五条第一項第六号関係
1〜9　（略）
10　規約等の内容の記載及びその説明について

　マンション等の規約その他の定めは、相当な量に達するのが通例であるため重要事項としては共用部分に関する規約の定め、専有部分に関する規約等の定め、専用使用権に関する規約等の定め、修繕積立金等に関する規約等の定め及び金銭的な負担を特定の者にのみ減免する規約の定めについてに限って説明義務を課すこととし、重要事項説明書にはその要点を記載すれば足りることとしているが、この場合、規約等の記載に代えて規約等を別添することとしても差し支えない。なお、規約等を別添する場合には、規則第16条の2第2号から第6号までに該当する規約等の定めの該当箇所を明示する等により相手方に理解がなされるよう配慮するものとする。

11　（略）

Q9 中古マンション売買における重要事項説明 ②

　重要事項説明書では「修繕積立金等」と「通常の管理費用」に分けて説明することになっていますが、「通常の修繕費」はどちらの区分に該当しますか。

　また、「修繕積立金等」については、対象区分所有建物に関するものを説明するのか、それとも一棟の建物全体に関するものを説明するのでしょうか。

A　宅地建物取引業法施行規則第16条の2第6号にいう「修繕積立金等」は、いわゆる大規模修繕積立金、計画修繕積立金等に関するものですので、一般の管理費として計上される「通常の修繕費」に関するものは「通常の管理費用」に含めて説明することとなります。また、「修繕積立金等」は、「当該一棟の建物に係る修繕積立金積立総額」と「売買の対象となる専有部分に係る修繕積立金等」とを説明します。

【参照条文】

宅地建物取引業法の解釈・運用の考え方
第三十五条第一項第六号関係
1〜5　（略）
6　修繕積立金等について（規則第16条の2第6号関係）
　規則第16条の2第6号は、いわゆる大規模修繕積立金、計画修繕積立金等の定めに関するものであり、一般の管理費でまかなわれる通常の維持修繕はその対象とはされないこととする。また、当該区分所有建物に関し修繕積立金等についての滞納があるときはその額を告げることとする。ここでいう修繕積立金等については、当該一棟の建物に係る修繕積立金積立総額及び売買の対象となる専有部分に係る修繕積立金等を指すものとする。なお、この積立て額は時間の経緯とともに変動するので、できる限り直近の数値（直前の決算期における額等）を時点を明示して記載することとする。
7　管理費用について（規則第16条の2第7号関係）
　「通常の管理費用」とは、共用部分に係る共益費等に充当するため区分所有者が月々負担する経常的経費をいい、規則第16条の2第6号の修繕積立金等に充当される経費は含まれないものとする。また、管理費用についての滞納があればその額を告げることとする。なお、この「管理費用の額」も人件費、諸物価等の変動に伴い変動するものと考えられるので、できる限り直近の数値を時点を明示して記載することとする。
8〜11　（略）

中古マンション売買における重要事項説明 ③

一棟の建物のマンション修繕の実施状況の記録についてマンション管理組合等に問い合わせたところ、修繕は行っているが記録は残していないと言われました。どのように対応すればよいですか。

A 維持修繕の実施状況の記録の説明義務は、記録が保存されている場合に限って課されるものです。マンション管理組合等に当該記録の有無を照会し、存在しないことが確認された場合はその照会をもって仲介業者の調査義務は果たされたことになり、マンション修繕の実施状況を説明しなくても重要事項説明義務違反には該当しません。照会状況（調査日、調査先、調査結果等）を重要事項説明書に記載し買主に説明してください。

【参照条文】

宅地建物取引業法の解釈・運用の考え方
第三十五条第一項第六号関係

1〜8　（略）

9　マンション修繕の過去の実施状況について（規則第16条の２第９号関係）

規則第16条の２第９号の維持修繕は、第６号と同様に共用部分における大規模修繕、計画修繕を想定しているが、通常の維持修繕や専有部分の維持修繕を排除するものではない。専有部分に係る維持修繕の実施状況の記録が存在する場合は、売買等の対象となる専有部分に係る記録についてのみ説明すれば足りるものとする。また、本説明義務は、維持修繕の実施状況の記録が保存されている場合に限って課されるものであり、管理組合、マンション管理業者又は売主に当該記録の有無を照会の上、存在しないことが確認された場合は、その照会をもって調査義務を果たしたことになる。

10〜11　（略）

Q11 媒介業者の現況調査義務

買主が購入希望している事業用土地建物について、売主に内覧を申し入れましたが、売却の話が従業員に知られると困るという理由で、自社使用している1階・2階部分の内覧を拒絶されました。

そのため、1階・2階部分の現況調査ができないまま売買契約を締結しましたが、当該箇所に不良箇所があった場合、仲介会社は説明義務違反を問われることになりますか。

A 　過去の裁判例の中で、事業用土地建物の売買時において、売主が物件の立入を拒否して現況調査が一部できなかった場合、仲介業者は、通常行える調査を行いその結果を買主に報告していれば調査義務違反に当たらないとされた事例（東京簡裁・判決平成16年12月15日）があります。

仲介業者が室内の調査確認を行なわなかったのは、売主が調査を拒んだためであり、そのため仲介業者は、施設の状況と売主からヒアリングを行ったその結果を重要事項説明書等の書面で報告しています。裁判所は、このような状況下では、仲介業者として通常行える調査を行ったといえ、媒介契約上の債務不履行はないと判示しています。

仲介業者には、通常の注意を尽くせば認識できる範囲で、当該物件の瑕疵の有無を調査して依頼者に報告すべき媒介契約上の義務があるとされています。今回のような場合、仲介業者としては、買主に現況調査を出来なかった理由を報告するとともに、売主からの物件状況に関する「告知書」（物件状況等報告書）を提出してもらい、そのうえで買主に購入の要否について判断してもらうことが、トラブル防止に繋がると考えられます。

Q12 調査説明の誤り・不十分

新築マンションを購入し入居したところ、バルコニーが面する南側隣地に高層マンションの建築予定があることが発覚しました。その高層マンションが完成すると、日照や眺望の妨げになることが予測されます。このようなことは契約締結時の重要事項説明で受けておらず、建築計画があるのであれば、契約しなかったのですが。

A 宅地建物取引業法では、第35条で重要事項説明義務を課しているほか、第47条で顧客の判断に重要な影響を及ぼすものについて、故意に事実を告げなかったり、不実のことを告げる行為を禁止しています。

高層マンションの建築計画が確定していることを売主の宅建業者が契約締結時に知っており、日照・眺望に影響が出ることが予測できるのであれば、重要事項説明において説明すべきだったと思われます。

まずは、高層マンションの建築計画がいつ確定したのか、影響はどの程度なのかを調べてみてはいかがでしょうか。

【参照条文】

宅地建物取引業法

（業務に関する禁止事項）

第四十七条　宅地建物取引業者は、その業務に関して、宅地建物取引業者の相手方等に対し、次に掲げる行為をしてはならない。

一　宅地若しくは建物の売買、交換若しくは貸借の契約の締結に際し、又はその契約の申込みの撤回若しくは解除若しくは宅地建物取引業に関する取引により生じた債権の行使を妨げるため、次のいずれかに該当する事項について、故意に事実を告げず、又は不実のことを告げる行為

　　イ～ハ　（略）

　　ニ　イからハまでに掲げるもののほか、宅地若しくは建物の所在、規模、形質、現在若しくは将来の利用の制限、環境、交通等の利便、代金、借賃等の対価の額若しくは支払方法その他の取引条件又は当該宅地建物取引業者若しくは取引の関係者の資力若しくは信用に関する事項であって、宅地建物取引業者の相手方等の判断に重要な影響を及ぼすこととなるもの

　二・三　（略）

Q 契約締結前のキャンセル（申込証拠金）

　　新築建売住宅を見学して、その場で購入申込書に署名押印して、申し込み証拠金5万円を支払いましたが、事情により購入をキャンセルすることにしました。契約締結は3日後の予定ですが、申し込み証拠金の5万円は返金してもらえるのでしょうか。

A　　申し込み証拠金は、買主の購入意思を示すものとして、売買契約締結前に、売主に支払う預り金です。したがって、売買契約を締結せずにキャンセルする場合には返還されるべきものです。宅地建物取引業法第47条の2第3項に基づく規則で、宅建業者が預り金の返還を拒む行為は禁止されています。

【参照条文】

宅地建物取引業法

（業務に関する禁止事項）

第四十七条の二　（略）

2　（略）

3　宅地建物取引業者は、第二項に定めるもののほか、宅地建物取引業に係る契約の締結に関する行為又は申込みの撤回若しくは解除の妨げに関する行為であって、第三十五条第一項第十四号イに規定する宅地建物取引業者の相手方等の利益の保護に欠けるものとして国土交通省令で定めるものをしてはならない。

宅地建物取引業法施行規則

（法第四十七条の二第三項の国土交通省令で定める行為）

第十六条の十二　法第四十七条の二第三項の国土交通省令・内閣府令及び同項の国土交通省令で定める行為は、次に掲げるものとする。

　一　（略）

　二　宅地建物取引業者の相手方等が契約の申込みの撤回を行うに際し、すでに受領した預り金を返還することを拒むこと。

　三　（略）

Q14 投資用マンションの勧誘

自宅に突然、宅建業者が訪問してきて、投資用マンション購入について長時間の勧誘を受けましたが、興味がなかったので断りました。しかし、その後も自宅だけでなく職場にも押しかけて来たり、再三電話をかけてきます。もう勧誘をやめて欲しいのですが。

A 宅地建物取引業法では、宅建業者の業務に関する禁止事項を定めています。具体的には宅地建物取引業法施行規則で、宅地建物取引業者は契約締結の勧誘に際し、迷惑な電話や訪問、契約締結しないことを伝えても勧誘を続けること等は禁止されています。宅地建物取引業法違反の勧誘をやめるよう、伝えてみてください。

【参照条文】

宅地建物取引業法

（業務に関する禁止事項）

第四十七条の二 （略）

2 （略）

3 宅地建物取引業者等は、前二項に定めるもののほか、宅地建物取引業に係る契約の締結に関する行為又は申込みの撤回若しくは解除の妨げに関する行為であって、第三十五条第一項第十四号イに規定する宅地建物取引業者の相手方等の利益の保護に欠けるものとして国土交通省令・内閣府令で定めるもの及びその他の宅地建物取引業者の相手方等の利益の保護に欠けるものとして国土交通省令で定めるものをしてはならない。

宅地建物取引業法施行規則

（法第四十七条の二第三項の国土交通省令で定める行為）

第十六条の十二 法第四十七条の二第三項の国土交通省令・内閣府令及び同項の国土交通省令で定める行為は、次に掲げるものとする。

一 宅地建物取引業に係る契約の締結の勧誘をするに際し、宅地建物取引業者の相手方等に対し、次に掲げる行為をすること。

イ〜ハ （略）

ニ 宅地建物取引業者の相手方等が当該契約を締結しない旨の意思（当該勧誘を引き続き受けることを希望しない旨の意思を含む。）を表示したにもかかわらず、当該勧誘を継続すること。

ホ 迷惑を覚えさせるような時間に電話し、又は訪問すること。

ヘ 電話による長時間の勧誘その他の私生活又は業務の平穏を害するような方法によりその者を困惑させること。

二・三　（略）

Q15 重要事項説明の耐震診断の説明

　中古住宅の売却依頼を受けましたが、売主は、元の所有者から確認済証や検査済証をもらっていません。そのため建築時期が明確でなく、重要事項説明で耐震診断について説明すべきか否かの判断がつかないのですが。

A　　耐震診断の有無等の説明は、宅地建物取引業法施行規則で定める説明事項のひとつ（第16条の４の３第５号）で、説明が必要か否かは「建物の建築時期」により判断し、説明が必要な場合は「診断の有無」と「診断を受けている場合にはその内容」を説明することとされています。

　耐震診断に関する説明は、建物が建築基準法の旧耐震基準により建築されている場合の説明事項とされるもので、建物が新耐震基準により建築されている場合には説明義務はありません。

　建物が新・旧どちらの基準による建物かの判断は、建基法の新耐震基準の施行日が昭和56年６月１日ですので、確認済証または検査済証に記載された「確認済証交付年月日」の日付で確認することになります。

　ご質問のように、確認済証や検査済証がない場合は、日付が明確な建物の登記簿に記載された表題登記をもとに判断することとされ、戸建住宅のような「居住の用に供する建物」は表題登記日が昭和56年12月末日以前の建物（マンションのような区分所有建物は表題登記日が昭和58年５月末日以前の建物）を旧基準の建物として扱います。

　なお、宅地建物取引業法で説明の対象としている「耐震診断」とは建基法に規定する「指定検査確認機関」、建築士法に規定する「建築士」、品確法に規定する「登録住宅性能評価機関」、「地方公共団体」が「建築物の耐震改修の促進に関する法律」の技術上の指針に基づいて行ったものを指し、それ以外の者や違った方法で行われた耐震診断は「耐震診断」に該当しません。また、重要事項説明を行うためには、説明の前提として調査が必要です。もっとも、マンションの区分所有者である売主から「耐震診断を行っていない」との説明を受けた場合には、管理組合および管理業者にも問い合わせをした上で「存在しないことが確認された」場合には、調査義務を果したとされています。

【参照条文】
宅地建物取引業法の解釈・運用の考え方

法第三十五条第一項第十四号関係

　宅地の売買又は交換の契約に当たっては以下の１から３を、建物の売買又は交換の契約に当たっては１から６までの事項を、宅地の貸借の契約に当たっては１から３まで及び８から13までの事項を、建物の貸借の契約に当たっては１から５まで及び７から12までの事項を説明することとする。

１～４　（略）

５　建物の耐震診断の結果について（規則第十六条の四の三第五号関係）

　次の書類を別添することとして差し支えない。

　・住宅の品質確保の促進等に関する法律第五条第一項に規定する住宅性能評価書の写し（当該家屋について日本住宅性能表示基準別表２―１の１―１耐震等級（構造躯体の倒壊等防止）に係る評価を受けたものに限る。）

　・租税特別措置法施行規則に規定する国土交通大臣が財務大臣と協議して定める書類又は地方税法施行規則に規定する国土交通大臣が総務大臣と協議して定める書類であって所定の税制特例を受けるために必要となる証明書（耐震基準適合証明書、住宅耐震改修証明書固定資産税減額証明書又は耐震改修に関して発行された増改築等工事証明書）の写し。

　・指定確認検査機関、建築士、登録住宅性能評価機関、地方公共団体が作成した建築物の耐震診断結果報告書の写し。

　昭和56年５月31日以前に確認を受けた建物であるか否かの判断にあたっては、確認済証又は検査済証に記載する確認済証交付年月日の日付をもとに判断することとする。

　確認済証又は検査済証がない場合は、建物の表題登記をもとに判断することとし、その際、居住の用に供する建物（区分所有建物を除く）の場合は、表題登記日が昭和56年12月31日以前であるもの事業の用に供する建物及び区分所有建物の場合は、表題登記日が昭和58年５月31日以前であるものについて説明を行うこととする。また、家屋課税台帳に建築年月日の記載がある場合についても同様に取扱うこととする。

　また、本説明義務については売主及び所有者に当該耐震診断の記録の有無を照会し、必要に応じて管理組合及び管理業者にも問い合わせた上、存在しないことが確認された場合は、その照会をもって調査義務を果たしたことになる。

　なお、本説明義務については、耐震診断の実施自体を宅地建物取引業者に義務付けるものではないことに留意すること。

　建築物の耐震改修の促進に関する法律の一部を改正する法律（平成17年法律第120号）の施行前に行った耐震診断については、改正前の建築物の耐震改修の促進に関する法律第３条に基づく特定建築物の耐震診断及び耐震改修に関する指針（平成７年建設省告示第2089号）に基づいた耐震診断であり、耐震診断の実施主体が規則第16条の４の３第５号イからニまでに掲げるものである場合には、同号に規定する耐震診断として差し支えない。

６～13　（略）

マンション管理費の滞納清算

中古マンションを売買しましたが、売主は所有期間中に滞納していた管理費を支払っていませんでした。

契約にあたっては、売主が納付することで双方合意していましたが、売買契約書には明記されていませんでした。

一方、重要事項説明書には「滞納管理費は売主が負担します」と記載があり、売主買主ともに署名捺印がありました。

買主が滞納管理費の負担を求められることになるのでしょうか。

A 　滞納管理費のある物件の所有権が新しい所有者に移った場合、管理組合は旧所有者に対して滞納管理費の支払いを請求することができるのはもちろん、新所有者に対してもその支払いを請求することができます（区分所有法第8条特定承継人の義務）。したがって、滞納管理費の支払いがされない以上、売主、買主ともに管理組合から請求を受ける可能性があります。

問題は、管理組合から請求された滞納管理費を、売主と買主のいずれが最終的に負担することになるかということです。契約にあたっては売主が納付することで双方合意していたということですから、買主としては、売主に負担を求めることになるのでしょう。しかし、売買契約書にはその旨の記載がないということですから、売主は、「そのような約束はなかった。売買契約書にも書いてない。」と主張するかもしれません。

買主としては、滞納管理費は売主が負担する旨の合意があったことを立証して売主を説得する必要があります。この点で、重要事項説明書はあくまでも、不動産業者が当事者に対し説明する書類に過ぎず、ここに記載があるからといって、当然に当事者間で合意がなされているとまでは言えないかも知れませんが、重要事項説明書に記載があり、双方押印している点では合意を裏付ける資料として使って、売主を説得してみてください。

本件のような場合、そもそも売買契約書を作る際、売主が滞納管理費を支払うことで合意されていたのであれば、売買契約書上にその旨記載すべきであったと考えられます。

【参照条文】

建物の区分所有等に関する法律

　（特定承継人の責任）

第八条　前条第一項に規定する債権は、債務者たる区分所有者の特定承継人に対しても行うことができる。

Q17 任意後見制度

売買契約の打合せに際し、売主の長男から、「私は父と任意後見契約を締結しており、父の代理として契約手続きを行います。」との申し出がありました。

この制度の内容と注意点等について教えてください。

A 任意後見制度とは、自らの判断能力が十分にあるうちに、判断能力が不十分になったときに備えて、信頼できる人（任意後見人）との間で財産管理等についてあらかじめ委任契約を締結しておくという制度です（任意後見契約に関する法律第2条）。

売主の長男が代理権を有しているか確認する必要がありますが、売主とその長男の間で任意後見契約を締結しているだけでは、不動産売買契約についての代理権の効力は発生しません。

本人の判断能力が低下した時点で、本人、配偶者、親族等の申立てにより家庭裁判所が任意後見監督人を選任したときに任意後見契約は効力を生じ、任意後見契約で定められた代理権の効力が発生することになります。

したがって、長男から任意後見契約の内容等が記載されている登記事項証明書の提出を受け、契約書が公正証書で作成されているか、長男が任意後見人になっているか、当該行為が代理権の範囲内の行為であるか、任意後見監督人が選任されているか等を確認することが必要です（任意後見契約に関する法律第2条、3条）。

【参照条文】

任意後見契約に関する法律

（定義）

第二条　この法律において、次の各号に掲げる用語の意義は、当該各号の定めるところによる。

一　任意後見契約　委任者が、受任者に対し、精神上の障害により事理を弁識する能力が不十分な状況における自己の生活、療養看護及び財産の管理に関する事務の全部又は一部を委託し、その委託に係る事務について代理権を付与する委任契約であって、第四条第一項の規定により任意後見監督人が選任された時からその効力を生ずる旨の定めのあるものをいう。

二　本人　任意後見契約の委任者をいう。

三　任意後見受任者　第四条第一項の規定により任意後見監督人が選任される前における任意後見契約の受任者をいう。

　四　任意後見人　第四条第一項の規定により任意後見監督人が選任された後における任意後見契約の受任者をいう。

（任意後見契約の方式）
第三条　任意後見契約は、法務省令で定める様式の公正証書によってしなければならない。

Q18 書面のない不動産売買契約は有効か

不動産の売買は、口頭の合意だけで成立したことになるのでしょうか。

A 民法第522条では、契約は契約内容を示してその締結を申し入れる意思表示に対して相手方が承諾したときに成立するとあり、法令の特別の定めがなければ書面は要しないとされています。また、第555条では、売買は当事者の一方がある財産権を相手方に移転することを約し、相手方がこれに対してその代金を支払うことを約することによって効力を生ずるとされています。

　もっとも、不動産売買契約は、単に金額の合意があれば足りるものではなく、契約が成立した場合には、手付金などの金銭が授受されることが一般的ですし、合意事項を書面にすることも通常です。

　裁判例（東京高裁　昭和50年6月30日）では、「約款を定めて契約書を作成し、手付金等を授受することは相当定着した慣行で重視してしかるべきで、そのようなことがなされていない段階では、まだ契約は不成立」と判断されたものもあります。

　したがって、合意の書面が存在しない場合に、口頭の合意だけで契約が成立したと認定されることは難しいと考えられます。

【参照条文】

民法

（契約の成立と方式）

第五百二十二条　契約は、契約の内容を示してその締結を申し入れる意思表示（以下「申込み」という。）に対して相手方が承諾をしたときに成立する。

2　契約の成立には、法令に特別の定めがある場合を除き、書面の作成その他の方式を具備することを要しない。

（売買）

第五百五十五条　売買は、当事者の一方がある財産権を相手方に移転することを約し、相手方がこれに対してその代金を支払うことを約することによって、その効力を生ずる。

建築条件付契約

　売主の宅建業者と建築条件付土地の売買契約を締結しました。契約には、土地の契約締結後３か月以内に売主と建物請負契約を締結すること、３か月以内に建物請負契約が締結できない場合には買主は土地の売買契約を解除できる旨が定められています。ところが、売主は、建物プランの打合せを行っておらず、建物価格も決まっていないにも関わらず、強く建物請負契約の締結を求めてきます。売主の意向に沿って、建物請負契約を締結した方がよいのでしょうか。

A　「宅地建物取引業法の解釈・運用の考え方」では、買主と建設業者等の間で予算、設計内容等の協議が十分に行われていないまま、建築条件付土地売買契約の締結と工事請負契約の締結が同日又は短期間のうちに行われることは、買主の希望等特段の事由がある場合を除いて適当ではないとされています。

　建築条件付土地の売買契約においては、土地売買契約締結後、定められた期間内に建物請負契約が締結に至らなかった場合は、土地売買契約は解除され、売主は受領済みの金員を返還することになっていますが、建物請負契約を締結してしまった場合、買主は土地の売買契約を白紙解約することができなくなるのが原則です。また、建物請負契約を締結した後に土地の売買契約を解約すれば当然建物請負契約も解約することになると思いますが、この場合、建物請負契約に基づき、建物設計料などを請求される可能性もあります。

　したがって、建物プランが決まらず、建物価格も決まっていない状態で建物請負契約を締結することは避けて下さい。

【参照条文】
宅地建物取引業法の解釈・運用の考え方
第三十五条第一項第八号関係
　建築条件付土地売買契約について
　宅地建物取引業者が、いわゆる建築条件付土地売買契約を締結しようとする場合は、建物の工事請負契約の成立が土地の売買契約の成立又は解除条件である旨を説明するとともに、工事請負契約が締結された後に土地売買契約を解除する際は、買主は手付金を放棄することになる旨を説明することとする。なお、買主と建設業者等の間で予算、設計内容、期間等の協議が十分に行われていないまま、建築条件付土地売買契約の締結と工事請負契約の締結が同日又は短期間のうちに行われることは、買主の希望等特段の事由がある場合

を除き、適当でない。

Q 20 公簿売買

土地の公簿売買は可能でしょうか。

A 　売買契約書に記載した面積と測量した面積が異なっていた場合、民法が規定する数量についての契約不適合に該当する可能性があります。

　他方、公簿売買は、売買契約書に登記簿面積を記載し、測量した面積と差異があっても売買代金の清算をしない売買契約です。

　仮に登記簿面積よりも測量した面積の方が小さければ、数量についての契約不適合であり、契約不適合な土地を引き渡した売主は代金減額請求を受ける可能性があります。公簿売買は、このような場合でも売買代金の清算をしないことを合意した売買であり、数量についての契約不適合責任を免責する趣旨を含んでいます。数量についての契約不適合責任を免責する特約は民法第572条に抵触しない限り有効です。

　したがって、登記簿面積と測量した面積に差異が生じたとしても互いに何ら請求しない旨の特約を定めておけば、土地の公簿売買は可能です。

【参照条文】

民法

（買主の追完請求権）

第五百六十二条　引き渡された目的物が種類、品質又は数量に関して契約の内容に適合しないものであるときは、買主は売主に対し、目的物の修補、代替物の引渡し又は不足分の引渡しによる履行の追完を請求することができる。ただし、売主は買主に不相当な負担を課するものでないときは、買主の請求した方法と異なる方法による履行の追完をすることができる。

2　（略）

（担保責任を負わない旨の特約）

第五百七十二条　売主は、第562条第1項本文又は第565条に規定する場合における担保の責任を負わない旨の特約をしたときであっても、知りながら告げなかった事実及び自ら第三者のために設定し又は第三者に譲り渡した権利については、その責任を免れることができない。

Q21 危険負担

売買契約締結後、引渡し前に当事者双方の責めに帰することができない事由で建物が消滅し、売主が建物を引き渡すことができなくなった場合はどうなりますか。

A 売買契約締結後、引渡しを受けていない段階において、当事者双方の責めに帰することができない事由（放火等）で、建物が消滅し売主が建物を引き渡すことができなくなった場合、買主は履行不能を理由に売買契約を解除して、売買代金の支払債務を免れることができます。売買契約を解除する前に売主から売買代金を支払うように請求されても、買主は代金の支払を拒むことができます。

【参照条文】

民法

（債務者の危険負担等）

第五百三十六条　当事者双方の責めに帰することができない事由によって債務を履行することができなくなったときは、債権者は反対給付の履行を拒むことができる。

2　（略）

（催告によらない解除）

第五百四十二条　次に掲げる場合には、債権者は、前条の催告をすることなく、直ちに契約の解除をすることができる。

一　債務の全部の履行が不能であるとき。

二　債務者がその全部の履行を拒絶する意思を明確に表示したとき。

三　債務の一部の履行が不能である場合又は債務者がその債務の一部の履行を拒絶する意思を明確に表示した場合において、残存する部分のみでは契約の目的を達することができないとき。

四　契約の性質又は当事者の意思表示により、特定の日時又は一定の期間内に履行をしなければ契約の目的を達することができない場合において、債務者が履行をしないでその時期を経過したとき。

五　前各号に掲げる場合のほか、債務者がその債務の履行をせず、債権者が前条の催告をしても契約の目的を達するのに足りる履行がされる見込みがないことが明らかであるとき。

2　次に掲げる場合には、債権者は前条の催告をすることなく、直ちに契約の一部の解除をすることができる。

一　債務の一部が履行不能であるとき。

二　債務者がその債務の一部の履行を拒絶する意思を明確に表示したとき。

Q 22 手付解除

中古マンションについて、一般個人である売主と売買契約を締結しましたが、事情によりキャンセルすることとしました。売買契約書には手付解除期日の記載があり、その日よりも前に仲介業者に対して、手付解除することを売主に伝えるように申し出ました。すると仲介業者から、「売主の合意がなければ手付解除できない」と言われました。手付解除はできないのでしょうか。

A 民法第557条では、買主は手付金を放棄することによって、契約を解除できるとあり、この手付解除には、売主の合意は必要ありません。なお、いつでも手付解除できるわけではなく、「相手方が契約の履行に着手した後はこの限りではない」とされています。

通常の不動産売買契約にも手付解除の条項がありますが、民法の規定の通りになっているものもあれば、本ケースのように具体的な期限を定めている場合もあり、このような期限の定めも、売主が一般個人である場合には有効です。本ケースの場合、手付解除期限内であれば、売主がそれまでに履行に着手していない限り、相手方の合意がなくても手付解除は可能です。したがって、仲介業者に対して、手付解除する旨を売主に伝えるように重ねて申し出てください。仲介業者が売主に対して伝えてくれない場合には、直接に、売主に対して手付解除する旨を申し出てください。

なお、宅地建物取引業法では、宅地建物取引業者は、買主が手付金を放棄して契約を解除することを、正当な理由なく妨げることを禁止しています。

【参照条文】

宅地建物取引業法
（業務に関する禁止事項）
第四十七条の二　（略）
2　（略）
3　宅地建物取引業者等は、前2項に定めるもののほか、宅地建物取引業に係る契約の締結に関する行為又は申込みの撤回若しくは解除の妨げに関する行為であって、第三十五条第一項第十四号イに規定する宅地建物取引業者の相手方等の利益の保護に欠けるものとして国土交通省令・内閣府令で定めるもの及びその他の宅地建物取引業者の相手方等の利益の保護に欠けるものとして国土交通省令で定めるものをしてはならない。

宅地建物取引業法施行規則
（法第四十七条の二第三項の国土交通省令で定める行為）
第十六条の十二　法第四十七条の二第三項の国土交通省令・内閣府令及び同項の国土交通
省令で定める行為は、次に掲げるものとする。
　一・二　（略）
　三　宅地建物取引業者の相手方等が手付を放棄して契約の解除を行うに際し、正当な理
由なく、当該契約の解除を拒み、または妨げること。

手付なしの契約と売主からの解除

　個人の土地所有者から、当社が土地を買い取ることとなりましたが、売主が契約を早くして欲しいと希望するので、手付なしで契約を締結しました。ところが、決済の準備中に、売主から契約解除の申し出がきました。手付の授受がないので売主に約定の違約金を請求できるでしょうか。

A　不動産取引では、手付を授受して契約を締結するのが一般的であり、手付が授受されている場合、買主は手付を放棄して、売主はその倍額を現実に提供して、一方的に売買契約を解除することができるのが原則です。しかし、手付のない契約が禁止されているわけではありませんので、本件のように手付の授受のない契約も有効に成立します。本件では手付の授受がありませんので、特段の解除特約がない限り、売主・買主双方とも一方的に契約を解除することはできません。

　したがって、本件売主は自己都合で一方的に契約を解除することはできず、予定された決済・引渡し日に売主が引渡しをしない場合、買主は催告のうえ契約を解除して約定の違約金を請求できることになります。ただし、民法第542条1項2号に定める「債務者がその債務の全部の履行を拒絶する意思を明確に表示したとき」に該当すると認められた場合は、催告することなく直ちに契約の解除をすることができます。

　なお、本件売主は消費者契約法上の消費者、買主は消費者契約法上の事業者であり、本件売買契約は消費者契約に該当します。消費者が支払う違約金については消費者契約法が適用されるので、売主が違約金の額について争った場合、約定の違約金全額が認められるとは限らないことには注意が必要だと考えられます。

Q24 手付解除（売主業者）

新築マンションについて、売主の宅建業者と売買契約を締結しましたが、事情によりキャンセルすることにしました。売買契約書には、「相手方が履行に着手するまで手付解除できる」との記載があります。そして、引渡し予定日よりも1か月前に手付解除することを売主に申し出たところ、「もう履行に着手しているので、手付解除はできない。別途、違約金を支払っての解除になる」と言われましたが、手付解除はできないのでしょうか。

A 本ケースは、履行に着手したか否かがポイントとなりますが、過去の判例では、「履行の着手とは、客観的に外部から認識できるような形で、契約の履行行為の一部をなしたこと、または履行の提供をするために欠くことのできない前提行為をしたこと」と解釈されています（最高裁判決　昭和40年11月24日）。売主の宅建業者の履行行為とはマンションの引渡しであり、単に引渡予定日の1か月前に物件を引き渡すための準備をしただけでは、判例の解釈を前提にすれば、売主が履行に着手したと主張しても認められるとは限りません。売主の宅建業者と協議が不調のときは、売主が主張する履行の着手の具体的な内容を確認してください。

なお、宅地建物取引業法施行規則では、売主の宅建業者に対し、買主が手付解除を行うことを正当な理由なく拒むことは禁止されています。

【参照条文】

宅地建物取引業法
（業務に関する禁止事項）
第四十七条の二　（略）

2　（略）

3　宅地建物取引業者等は，前二項に定めるもののほか，宅地建物取引業に係る契約の締結に関する行為又は申込みの撤回若しくは解除の妨げに関する行為であって，第三十五条第一項第十四号イに規定する宅地建物取引業者の相手方等の利益の保護に欠けるものとして国土交通省令・内閣府令で定めるもの及びその他の宅地建物取引業者の相手方等の利益の保護に欠けるものとして国土交通省令で定めるものをしてはならない。

宅地建物取引業法施行規則
（法第四十七条の二第三項の国土交通省令・内閣府令及び同項の国土交通省令で定める行為）

第十六条の十二　法第四十七条の二第三項の国土交通省令・内閣府令及び同項の国土交通省令で定める行為は、次に掲げるものとする。

一・二　（略）

三　宅地建物取引業者の相手方等が手付を放棄して契約の解除を行うに際し、正当な理由なく、当該契約の解除を拒み、又は妨げること。

Q25 ローン解除

　ローン特約付きでマンションを購入する契約を締結して、契約締結後、売買契約書記載のローン申込金融機関であるB銀行の融資を申し込みました。すると融資承認額が減額されたので、ローン特約による契約解除を申し出たところ、仲介業者から、他の金融機関に申し込むように言われました。B銀行の融資が減額承認されただけでは、ローン特約による契約解除はできないのでしょうか。

A　一般的な売買契約書のローン特約では、①申込金融機関、②融資金額、③特約期限等の記載があると思います。ローン特約では、申込金融機関で融資が否認または減額された場合、買主はローン特約で解除できるとなっていることが多く、本ケースでもそのような条項となっているのであれば、解除できると思われます。

　なお、多少借り入れ条件が悪くても他の金融機関で融資を受けて購入したいとの希望があれば別ですが、ローン特約の対象となるローン申込金融機関が明記されている場合に、契約書に記載のない他の金融機関に融資を申し込む義務はありません。

解約時の報酬、その他費用（オプション工事）

2か月前に新築マンションの売買契約を締結しました。3か月後に引渡しを受ける予定ですが、事情により契約を解除しなければならなくなりました。売買契約自体は手付解除することで売主の宅建業者も納得していますが、契約締結時に別途締結した有料オプション契約についてキャンセル料を請求されています。キャンセル料を払う義務はあるのでしょうか。

A 　マンションの売買契約と有料オプション契約は、別の契約と考えられ、オプション契約の内容によることになります。オプション契約書のキャンセル料に関する内容を確認してください。

Q27 高齢者・障碍者の契約

中等度の認知症と診断されている一人暮らしの父が、自宅を売却する契約を締結しました。契約書には父の署名・押印もありますが、売却代金は相場よりもかなり低い金額です。父はお金に困っておらず、他に住むところもなく、売却する理由がありません。父に事情を聞いても、まったく覚えていないようです。この売買契約を解除したいのですが。

A このような場合で契約を白紙に戻す方法には、①意思能力の欠如による無効を主張する方法のほか、②公序良俗違反による無効などを主張する方法があります。①は認知症などのケースですが、契約時点に意思能力があったか否かが争点となります。②は判断能力の低下に乗じた客観的に必要性のない取引で、売主に一方的に不利な契約などが該当します。

本ケースはいずれかに該当するとして、買主と交渉してみてください。

【参照条文】

民法

（意思能力）

第三条の二　法律行為の当事者が意思表示をした時に意思能力を有しなかったときは、その法律行為は、無効とする。

（公序良俗）

第九十条　公の秩序又は善良の風俗に反する法律行為は、無効とする。

28 Q 原始的不能

契約締結時点で、既に建物が火災で焼失していた場合は、売買契約はどうなりますか。

A 例えば、別荘など普段行かない場所にある物件の売買契約において、契約前に目的物の別荘が既に焼失していたような場合を「原始的不能」といいます。

民法では、履行不能を原始的不能と後発的不能に区別せず、契約としては有効です。しかし、売主は建物を買主に引き渡す義務を履行することができませんから、買主は債務不履行による損害賠償請求、または債務の履行不能による解除をすることになります。

なお、「履行不能の場合には、債権者は履行の請求ができない」と規定されているので、焼失してしまった建物を建て直せという請求はできないことになります。

【参照条文】

民法

（履行不能）

第四百十二条の二　債務の履行が契約その他の債務の発生原因及び取引上の社会通念に照らして不能であるときは、債権者は、その債務の履行を請求することができない。

2　契約に基づく債務の履行がその契約の成立時に不能であったことは、第四百四十五条の規定によりその履行の不能によって生じた損害の賠償を請求することを妨げない。

（債務不履行による損害賠償）

第四百四十五条　債務者がその債務の本旨に従った履行をしないとき又は債務の履行が不能であるときは、債権者は、これによって生じた損害の賠償を請求することができる。ただし、その債務の不履行が契約その他の債務の発生原因及び取引上の社会通念に照らして債務者の責めに帰することができない事由によるものであるときは、この限りではない。

2　前項の規定により損害賠償の請求をすることができる場合において、債権者は、次に掲げるときは、債務の履行に代わる損害賠償の請求をすることができる。

一　債務の履行が不能であるとき。

二・三　（略）

（催告によらない解除）

第五百四十二条　次に掲げる場合には、債権者は、前条の催告をすることなく、直ちに契

約の解除をすることができる。
　一　債務の全部の履行が不能であるとき。
　二〜五　（略）
2　（略）

Q 引渡し後の解約

中古戸建を購入したのですが、引渡し後1か月も経たない時点でシロアリが発生していること及びシロアリにより木部に被害があることが発覚しました。売主に伝えたところ、シロアリを駆除の上、被害箇所を補修すると言ってきました。自分としては補修ではなく、契約解除したいのですが。

A 　売買契約の内容によりますが、民法においては、引き渡された目的物に契約不適合があったときは修補による追完請求、修補が履行されないときは代金を減額請求することが認められています。履行を催告しても履行がなされなければ契約を解除することも可能ですが、売主が修補するとのことならば、直ちに契約解除することは難しいと思われます。
　なお、シロアリ被害の状況によって、どの程度の修補が必要なのか異なりますから、シロアリ被害の状況をしっかり把握することが重要です。

【参照条文】

民法

（買主の追完請求権）

第五百六十二条　引き渡された目的物が種類、品質又は数量に関して契約の内容に適合しないものであるときは、買主は売主に対し、目的物の修補、代替物の引渡し又は不足分の引渡しによる履行の追完請求をすることができる。ただし、売主は買主に不相当な負担を課するものでないときは、買主の請求した方法と異なる方法による履行の追完をすることができる。

2　（略）

（買主の代金減額請求権）

第五百六十三条　前条第一項本文に規定する場合において、買主が相当の期間を定めて履行の追完をし、その期間内に履行の追完がないときは、買主はその不適合の程度に応じて代金の減額を請求することができる。

2・3　（略）

（催告による解除）

第五百四十一条　当事者の一方がその債務を履行しない場合において、相手方が相当の期間を定めてその履行の催告をし、その期間内に履行がないときは、相手方は契約の解除をすることができる。ただし、その期間を経過したときにおける債務の不履行がその契約及び取引上の社会通念に照らして軽微であるときは、この限りではない。

Q30 契約不適合責任

中古戸建を購入しましたが、引渡し後1か月以内に雨漏りが発覚しました。仲介業者を通じて売主に通知したところ、「建物の契約不適合責任は免責すると契約しているので、責任を負う義務はない」と言われました。契約時に交付された重説には雨漏りの表記はなく、告知書にも「過去に雨漏りは発見していない」とありますが、建築業者に雨漏り箇所を見てもらったところ、以前から雨漏りしている痕跡があり、応急措置がされていたのですが。

A　民法においては、契約不適合責任は免責とする特約をしていても、売主が知りながら告げなかった事実については責任は免れないと規定しています。本ケースでは、以前から雨漏りの痕跡があるだけでなく応急措置をしていることからも、売主は知っていた可能性が高いと考えられます。売主は知りながら告げなかったのであれば、責任を免れないことになると考えられます。

【参照条文】

民法

（担保責任を負わない旨の特約）

第五百七十二条　売主は、第五百六十二条第一項本文又は第五百六十五条に規定する場合における担保の責任を負わない旨の特約をしたときであっても、知りながら告げなかった事実及び自ら第三者のために設定し又は第三者に譲り渡した権利については、その責任を免れることはできない。

（買主の追完請求権）

第五百六十二条　引き渡された目的物が種類、品質又は数量に関して契約の内容に適合しないものであるときは、買主は売主に対し、目的物の修補、代替物の引渡し又は不足分の引渡しによる履行の追完請求をすることができる。ただし、売主は買主に不相当な負担を課するものでないときは、買主の請求した方法と異なる方法による履行の追完をすることができる。

二　（略）

（数量の不足又は物の一部滅失の場合における売主の担保責任）

第五百六十五条　前三条の規定は、売主が買主に移転した権利が契約の内容に適合しないものである場合（権利の一部が他人に属する場合においてその権利の一部を移転しないときを含む）について準用する。

契約不適合責任免責（売主宅建業者）

売主の宅建業者から古家付土地を購入しましたが、引渡し後、自宅建物を建築しようとしたところ、建築に支障のあるコンクリートの破片など大量のガラが出てきました。売主にガラを撤去して欲しいと伝えたところ、「契約不適合責任は免責すると契約しているので、責任を負う義務はない」と言われました。この場合、売主には責任はないのでしょうか。

A 　宅地建物取引業法第40条においては、売主が宅建業者の場合、契約不適合責任は、契約不適合の通知期間につき、引渡しの日から2年以上とする特約を除き、買主に不利な特約をしてはならないと規定されています。さらに同条第2項では、この規定に反する特約は無効と規定されています。

したがって、本ケースにおいては、「契約不適合責任は免責」とする特約は無効となり、建築に支障のあるコンクリートの破片など大量のガラが含まれる土地でよいとの合意がない本ケースでは、売主は責任を免れることはできないと考えられます。

【参照条文】

宅地建物取引業法

（担保責任についての特約の制限）

第四十条　宅地建物取引業者は、自ら売主となる宅地又は建物の売買契約において、その目的物が種類又は品質に関して契約の内容に適合しない場合におけるその不適合を担保すべき責任に関し、民法五百六十六条に規定する期間についてその目的物の引渡しの日から二年以上となる特約をする場合を除き、同条に規定するものより買主に不利になる特約をしてはならない。

2　前項の規定に反する特約は、無効とする。

民法

（目的物の種類又は品質に関する担保責任の期間の制限）

第五百六十六条　売主が種類又は品質に関して契約の内容に適合しない目的物を買主に引渡した場合において、買主がその不適合を知った時から一年以内にその旨を売主に通知しないときは、買主は、その不適合を理由として、履行の追完の請求、代金の減額の請求、損害賠償の請求及び契約の解除をすることができない。ただし、売主が引渡しの時にその不適合を知り、又は重大な過失によって知らなかったときは、この限りではない。

Q 瑕疵と契約不適合の違い

「隠れた瑕疵」と「契約不適合」の違いを教えてください。

A　改正前の民法第570条は、売買の目的物に「隠れた瑕疵」があったときには、売主は、改正前の民法第566条の規定の準用による責任を負う旨が定められていました。他方、民法が改正され、改正前の民法第570条に対応する売主の責任は、民法第562条、第563条及び第564条に定められ、「引き渡された売買の目的物が種類、品質又は数量に関して契約の内容に適合しないものであるときの売主の責任」と表現されるようになりました。契約の内容に適合しないものであるときの売主の責任ですから、「契約不適合」の責任と言われます。

では、「隠れた瑕疵」と「契約不適合」の異同はどのようなものなのでしょうか。

「瑕疵」に関しては、最高裁平成22年6月1日判決において、瑕疵の存否との関係で「売買契約の当事者間において目的物がどのような品質・性能を有することが予定されていたかについては、売買契約締結当時の取引観念をしんしゃくして判断すべき」として、取引観念も踏まえた当事者間の品質・性能についての合意を確定した上で、当該合意に適合しないものが瑕疵であると判断されています。民法改正では、この判例も踏まえて「契約不適合」という表現にしたものであり、「瑕疵」と「契約不適合」とは基本的に同じであると考えられます。

もっとも、改正前の民法第570条は、「瑕疵」があった場合の売主の責任ではなく、「隠れた瑕疵」があった場合の売主の責任を定めていました。この「隠れた」とは、契約締結当時、買主が瑕疵の存在を知らず、知らないことに過失がないこと、と解釈されてきました。他方、改正後の契約不適合については、「隠れた契約不適合」とは定められておらず、買主が契約不適合であることを知らないことや知らないことに過失がないことという場合でなくても、契約不適合があれば売主は責任を負うことになる、という点で違いがあります。

Q 33 追完請求と代金減額請求

契約不適合責任において、責任追及方法が、契約解除、損害賠償請求に加え、追完請求と代金減額請求が認められているのはなぜですか。

A 契約不適合責任は、契約の内容に適合していない目的物を引渡した責任、すなわち、債務不履行責任です。したがって、契約通りの履行をしてほしいという追完請求と、追完がなされないのであれば端的に代金を減額してほしいという代金減額請求が認められています。

【参照条文】

民法

（買主の追完請求権）

第五百六十二条 引き渡された目的物が種類、品質又は数量に関して契約の内容に適合しないものであるときは、買主は売主に対し、目的物の修補、代替物の引渡し又は不足分の引渡しによる履行の追完を請求することができる。ただし、売主は買主に不相当な負担を課するものでないときは、買主の請求した方法と異なる方法による履行の追完をすることができる。

2 （略）

（買主の代金減額請求権）

第五百六十三条 前条第一項本文に規定する場合において、買主が相当の期間を定めて履行の追完の催告をし、その期間内に履行の追完がないときは、買主は、その不適合の程度に応じて代金の減額を請求することができる。

2・3 （略）

Q 代金減額請求

代金減額請求をする場合、必ず前提として、「履行の追完」の催告をすることが必要なのでしょうか。

A 代金減額請求の前提として、「履行の追完」の催告が必要であるのは、履行の追完をする売主の利益に配慮する趣旨からです。したがって、履行の追完をする売主の利益に配慮する必要がない場合には、催告することなく買主は代金減額請求をすることができます。例えば、履行の追完が不能であったり、履行の追完を受ける見込みがないことが明らかなとき（民法第563条第2項参照）は、買主は、履行の催告をすることなく、代金減額請求をすることができます。

【参照条文】

民法

（買主の代金減額請求権）

第五百六十三条　前条第一項本文に規定する場合において、買主が相当の期間を定めて履行の追完の催告をし、その期間内に履行の追完がないときは、買主は、その不適合の程度に応じて代金の減額を請求することができる。

2　前項の規定にかかわらず、次に掲げる場合には、買主は、同項の催告をすることなく、直ちに代金の減額を請求することができる。

　一　履行の追完が不能であるとき。

　二　売主が履行の追完を拒絶する意思を明示したとき。

　三　契約の性質又は当事者の意思表示により、特定の日時又は一定の期間内に履行をしなければ契約の目的を達することができない場合において、売主が履行の追完をしないでその時期を経過したとき。

　四　前三号に掲げる場合のほか、買主が前項の催告をしても履行の追完を受ける見込みがないことが明らかであるとき。

3　第一項の不適合が買主の責めに帰すべき事由によるものであるときは、買主は、前二項の規定による代金の減額の請求をすることができない。

契約不適合による解除

契約不適合があった場合、追完請求と代金減額請求がありますが、契約解除はできるのでしょうか。

A 契約不適合責任については、民法第562条が追完請求、第563条が代金減額請求を定めており、さらに第564条は、「前２条の規定は解除権の行使を妨げない」としているので契約の解除も可能です。ただし、解除に関する第541条により、軽微な契約不適合であるときは解除は認められません。

なお、全部の履行が不能であるときや、契約した目的を達することができないときは、無催告で解除できると規定されています（民法第542条）。

また、売主に債務不履行の帰責事由がなくても解除は可能です。

【参照条文】

民法

（催告による解除）

第五百四十一条　当事者の一方がその債務を履行しない場合において、相手方が相当の期間を定めてその履行の催告をし、その期間内に履行がないときは、相手方は契約の解除をすることができる。ただし、その期間を経過した時における債務の不履行がその契約及び取引上の社会通念に照らして軽微であるときは、この限りでない。

（催告によらない解除）

第五百四十二条　次に掲げる場合には、債権者は、前条の催告をすることなく、直ちに契約の解除をすることができる。

一　債務の全部の履行が不能であるとき。

二　債務者がその全部の履行を拒絶する意思を明確に表示したとき。

三　債務の一部の履行が不能である場合又は債務者がその債務の一部の履行を拒絶する意思を明確に表示した場合において、残存する部分のみでは契約の目的を達することができないとき。

四　契約の性質又は当事者の意思表示により、特定の日時又は一定の期間内に履行をしなければ契約の目的を達することができない場合において、債務者が履行をしないでその時期を経過したとき。

五　前各号に掲げる場合のほか、債務者がその債務の履行をせず、債権者が前条の催告をしても契約の目的を達するのに足りる履行がされる見込みがないことが明らかであるとき。

2　次に掲げる場合には、債権者は前条の催告をすることなく、直ちに契約の一部の解除

をすることができる。

一　債務の一部が履行不能であるとき。

二　債務者がその債務の一部の履行を拒絶する意思を明確に表示したとき。

（買主の損害賠償請求及び解除権の行使）

第五百六十四条　前二条の規定は、第四百十五条の規定による損害賠償の請求並びに第五百四十一条及び第五百四十二条の規定による解除権の行使を妨げない。

36 Q 契約不適合による損害賠償請求

　契約不適合があった場合、追完請求と代金減額請求がありますが、損害賠償請求はできるのでしょうか。

A　契約不適合責任については、民法第562条が追完請求、第563条が代金減額請求を定めており、さらに第564条は、「前2条の規定は損害賠償請求を妨げない」としているので損害賠償請求も可能です。
　なお、売主が、「売主の責めに帰すべき事由」がないことの立証ができた場合には、売主の損害賠償責任は認められないことになります。

【参照条文】

民法
（債務不履行による損害賠償）
第四百十五条　債務者がその債務の本旨に従った履行をしないとき又は債務の履行が不能であるときは、債権者は、これによって生じた損害の賠償を請求することができる。ただし、その債務の不履行が契約その他の債務の発生原因及び取引上の社会通念に照らして債務者の責めに帰することができない事由によるものであるときは、この限りではない。
2　（略）

（買主の損害賠償請求及び解除権の行使）
第五百六十四条　前二条の規定は、第四百十五条の規定による損害賠償の請求並びに第五百四十一条及び第五百四十二条の規定による解除権の行使を妨げない。

売主宅建業者の契約不適合責任

　売主宅建業者と買主個人で不動産売買契約を締結するとき、売主は契約不適合責任を免責とすることはできるのでしょうか。また、買主も宅建業者のときは、免責とすることはできるのでしょうか。

A　宅地建物取引業法第40条で、宅建業者は自ら売主となる不動産売買契約では、売買対象物件の契約不適合責任に関して、民法第566条に規定する期間（契約不適合の通知期間）について引渡しの日から2年以上とする特約を除き、同条に規定するものより買主に不利な特約をしてはならないと定められており、この規定に反する特約は無効とされています。

　したがって、売主が宅建業者である場合に、契約不適合責任の特約を定めても、少なくとも引渡し日から2年以上は契約不適合がある旨の通知期間としなければならず、契約不適合責任の範囲を限定することもできません。また、契約不適合責任を免責とする特約が定められていても、無効となります。

　なお、買主も宅建業者で業者間売買の場合、第40条の規定の適用は受けず、契約不適合責任を免責とする特約は可能です。

【参照条文】

宅地建物取引業法

（担保責任についての特約の制限）

第四十条　宅地建物取引業者は、自ら売主となる宅地又は建物の売買契約において、その目的物が種類又は品質に関して契約の内容に適合しない場合におけるその不適合を担保すべき責任に関し、民法（明治二十九年法律第八十九号）五百六十六条に規定する期間についてその目的物の引渡しの日から二年以上となる特約をする場合を除き、同条に規定するものより買主に不利となる特約をしてはならない。

2　前項の規定に反する特約は、無効とする。

（適用の除外）

第七十八条　この法律の規定は、国及び地方公共団体には、適用しない。

2　第三十三条の二及び第三十七条の二から第四十三条までの規定は、宅地建物取引業者相互間の取引については適用しない。

民法
（目的物の種類又は数量に関する担保責任の期間の制限）
第五百六十六条　売主が種類又は品質に関して契約の内容に適合しない目的物を買主に引渡した場合において、買主がその不適合を知った時から一年以内にその旨を売主に通知しないときは、買主は、その不適合を理由として、履行の追完の請求、代金の減額の請求、損害賠償の請求及び契約の解除をすることができない。ただし、売主が引渡しの時にその不適合を知り、又は重大な過失によって知らなかったときは、この限りではない。

Q 代替物の引渡し

　買主の履行の追完請求権において、民法では代替物の引渡しが挙げられていますが、不動産においてはどのように考えればよいのでしょうか。

A　　不動産取引の場合、代替物を想定することは困難であり、追完請求の方法としては、修補請求をするのが通常であると考えられます。
　なお、買主が履行の追完請求として代替物の引渡しを請求してきたとしても、民法第562条1項ただし書では、「買主が請求した方法と異なる方法で追完できる」とあるので、代替物提供ではなく修補とすることは可能と考えられます。

【参照条文】

民法
（買主の追完請求権）
第五百六十二条　引き渡された目的物が種類、品質又は数量に関して契約の内容に適合しないものであるときは、買主は売主に対し、目的物の修補、代替物の引渡し又は不足分の引渡しによる履行の追完を請求することができる。ただし、売主は買主に不相当な負担を課するものでないときは、買主の請求した方法と異なる方法による履行の追完をすることができる。
2　（略）

告知した不適合に関しての売主の責任

Q 物件状況告知書等で、「雨漏りあり」などと現状を告知して契約内容とした場合、「雨漏り」についての契約不適合責任は免れるのでしょうか。

A 雨漏り発生の箇所を売主と買主双方で確認したうえで、契約の内容が、雨漏りがある建物を引き渡すものであれば、雨漏りがある建物を引き渡しても契約不適合とはなりません。したがって、物件状況告知書等に「雨漏りあり」と記載するだけでなく、契約書の中に売主と買主双方で確認した雨漏りがある建物を引き渡す旨を特約として記載すれば、契約不適合とはなりません。

しかし、物件状況告知書等で「雨漏りあり」と記載していても、雨漏りしない建物を引き渡すことが契約の内容となっている場合には、雨漏りがある建物を引き渡した売主は、契約不適合である建物を引き渡したことになり、契約不適合責任を免れることはできません。

【参照条文】

民法

（買主の追完請求権）

第五百六十二条　引き渡された目的物が種類、品質又は数量に関して契約の内容に適合しないものであるときは、買主は売主に対し、目的物の修補、代替物の引渡し又は不足分の引渡しによる履行の追完を請求することができる。ただし、売主は買主に不相当な負担を課するものでないときは、買主の請求した方法と異なる方法による履行の追完をすることができる。

2　（略）

（移転した権利が契約の内容に適合しない場合における売主の担保責任）

第五百六十五条　前三条の規定は、売主が買主に移転した権利が契約の内容に適合しないものである場合（権利の一部が他人に属する場合においてその権利の一部を移転しないときを含む）について準用する。

Q 契約不適合責任は負わないとする特約 ①

土壌汚染や雨漏り等の責任を一切負わないとする特約は可能でしょうか。

A　土壌汚染や雨漏り等が存在しても契約不適合責任を一切負わない旨の特約についても、売主と買主とで合意すれば定めることは可能です（ただし、売主が宅地建物取引業者であり買主が非宅地建物取引業者である場合や、売主が事業者であり買主が消費者である場合には、当該特約は無効になります）。

もっとも、「土壌汚染の責任を一切負わない」などとした場合、買主がその特約を受け入れることは現実的に難しいと考えられます。

契約不適合責任は負わないとする特約 ②

売主が雨漏りの事実を知っていたにもかかわらず告知せず、「契約の内容に適合しなくても売主は責任を負わない」という特約を付した場合、売主は雨漏りについての責任は負うことになるのでしょうか。

A 「契約の内容に適合しなくても売主は責任を負わない」旨の特約をしたときであっても、民法第572条は「知りながら告げなかった事実については責任を免れることができない」旨を定めています。したがって、雨漏りの事実を知りながら告げなかった売主は責任を負うことになると考えられます。

【参照条文】

民法

（担保責任を負わない旨の特約）

第五百七十二条　売主は、第五百六十二条第一項本文又は第五百六十五条に規定する場合における担保の責任を負わない旨の特約をしたときであっても、知りながら告げなかった事実及び自ら第三者のために設定し又は第三者に譲り渡した権利については、その責任を免れることができない。

Q42 売主宅建業者における契約不適合の責任期間

宅建業者が自ら売主となって売買契約する場合において、「売主は買主に対し、契約不適合責任について引渡しから2年以内に請求を受けたものに限り責任を負う」とする特約を定めても有効な特約といえるのでしょうか。

A 民法第566条では「不適合を知った時から1年以内に通知しないときは、履行の追完の請求、代金の減額請求、損害賠償の請求及び契約の解除をすることができない」と定めています。つまり、買主が1年以内に行わなければならないのは、契約の解除や損害賠償の請求等の権利行使ではなく、契約不適合である旨の通知です。契約不適合を知った時から1年以内に契約不適合である旨を売主に通知すれば、売主の契約不適合責任が消滅時効にかかるまで（例えば、契約不適合を知った時から5年間行使しない場合　民法第166条第1項第1号）、買主は権利を行使することができます（売主は責任を負う）。

他方、売主が宅建業者である場合の宅地建物取引業法第40条は、契約不適合責任を制限する特約については、契約不適合である旨の通知をする期間について、目的物の引渡しから2年以上となる特約とする場合を除き、民法第566条に規定するものより買主に不利な特約は無効となるとしています。

「契約不適合責任について引渡しから2年以内に請求を受けたものに限り責任を負う」という特約は、引渡しから2年以内に契約不適合の通知をして消滅時効が成立する前であっても引渡しから2年以内に契約不適合責任の請求まで行わなければならないと解釈できます。このような特約は、消滅時効が成立するまでは権利を行使できるはずの買主に不利な特約となります。したがって、買主に不利な特約の限度で無効になります。

【参照条文】

民法

（債権等の消滅時効）

第百六十六条　債権は、次に掲げる場合には、時効によって消滅する。

一　債権者が権利を行使することができることを知った時から5年間行使しないとき。

二　権利を行使することができるときから10年間行使しないとき。

2・3　（略）

（目的物の種類又は品質に関する担保責任の期間の制限）

第五百六十六条 売主が種類又は品質に関して契約の内容に適合しない目的物を買主に引渡した場合において、買主がその不適合を知った時から一年以内にその旨を売主に通知しないときは、買主はその不適合を理由として、履行の追完の請求、代金の減額の請求、損害賠償の請求及び契約の解除をすることができない。ただし、売主が引き渡しの時にその不適合を知り、又は重大な過失によって知らなかったときは、この限りではない。

宅地建物取引業法

（担保責任についての特約の制限）

第四十条 宅地建物取引業者は、自ら売主となる宅地又は建物の売買契約において、その目的物が種類又は品質に関して契約の内容に適合しない場合におけるその不適合を担保すべき責任に関し、民法（明治二十九年法律第八十九号）五百六十六条に規定する期間についてその目的物の引渡しの日から二年以上となる特約をする場合を除き、同条に規定するものより買主に不利となる特約をしてはならない。

2 前項の規定に反する特約は、無効とする。

Q43 売主宅建業者における違約金

契約不適合責任に基づく違約金には、宅地建物取引業法第38条は適用されるのでしょうか。

A 　売主が宅建業者の場合、損害賠償額の予定等に関する宅地建物取引業法第38条が適用され、債務不履行に関する契約解除に伴う違約金あるいは損害賠償の予定を合意した場合に、20%を超える部分は無効になります。

契約不適合責任は債務不履行責任です。したがって、債務不履行についての違約金・損害賠償の予定が合意されていて、契約不適合責任としての損害賠償責任については当該違約金・損害賠償の予定についての条項が適用されない旨の合意がなされていないのであれば、契約不適合で契約解除した場合の違約金には宅地建物取引業法第38条が適用されます。

【参照条文】

宅地建物取引業法

（損害賠償額の予定等の制限）

第三十八条　宅地建物取引業者がみずから売主となる宅地又は建物の売買契約において、当事者の債務の不履行を理由とする契約の解除に伴う損害賠償の額を予定し、又は違約金を定めるときは、これらを合算した額が代金の額の十分の二をこえることとなる定めをしてはならない。

2　前項の規定に反する特約は、代金の額の十分の二をこえる部分について、無効とする。

Q 44 取引が現行法と改正法施行時にまたがった場合

　売買契約において、契約日が旧民法で、引渡し日が現行民法の場合、契約不適合責任については、どちらが適用になるのでしょうか。

 　契約時点の法（旧民法）が適用されます。したがって、契約不適合責任ではなく、瑕疵担保責任が問題になります。

中古住宅引渡し後の給湯器の故障と説明

　住宅の引渡しを受けてから1か月ぐらいで給湯器が壊れてお湯が出なくなりました。給湯器のメーカーに見てもらったところ、この製品は古くて交換部品もないので修繕は不可能で、新しい給湯器に交換しなければならないと言われました。

　仲介業者に連絡したところ、仲介業者としての責任はないと言われました。また、売主業者に給湯器交換費用の負担を求めたところ、設備は契約不適合責任の対象外であるとして拒否されました。

　仲介業者は、給湯器が故障した場合、修繕が不可能で交換が必要となることを、買主に説明する義務があるのでないでしょうか。

　また、売買契約書には、買主から売主に対する契約不適合責任の通知期間が2年と記載され、責任を負う旨記載されていますが、売主業者の言うとおり設備は契約不適合責任の対象外となるのでしょうか。

A　通常、仲介業者は、取引物件の附帯設備の状況について、売主の申告に基づき附帯設備表を作成しますが、特段の事情がない限り、設備が故障した場合の交換部品の有無までの調査義務はありません。したがって、本件の仲介業者には、調査・説明義務違反はないと考えられます。

　売主業者は「設備は契約不適合責任の対象外なので、負担義務はない」と主張しているようですが、売主が宅建業者の場合、宅地建物取引業法第40条に基づき、売買契約の対象に含まれる附帯設備についても契約不適合の通知期間を引渡しから2年未満とすることはできないと解されています。したがって、本件故障が契約不適合に該当するのであれば売主は責任を負うことになると考えられます。

　もっとも、売主に契約不適合責任が生ずる前提としては、その不適合が引渡し時に存在していたことが必要です。本件故障は引渡し1か月後に発生しており、引渡し時点では故障が判明していなかったので、契約不適合に該当しないとも考えられます。引渡し時点での契約不適合に該当しないとすると、買主は、売主に対し、契約不適合責任を問うことはできないことになると考えられます。引渡しを受けた時点で既に故障があったといえるかがポイントになるでしょう。

【参照条文】

宅地建物取引業法

（担保責任についての特約の制限）

第四十条　宅地建物取引業者は、自ら売主となる宅地又は建物の売買契約において、その目的物が種類又は品質に関して契約の内容に適合しない場合におけるその不適合を担保すべき責任に関し、民法（明治二十九年法律第八十九号）第五百六十六条に規定する期間についてその目的物の引渡しの日から二年以上となる特約をする場合を除き、同条に規定するものより買主に不利となる特約をしてはならない。

2　前項の規定に反する特約は、無効とする。

民法

（目的物の種類又は品質に関する担保責任の期間の制限）

第五百六十六条　売主が種類又は品質に関して契約の内容に適合しない目的物を買主に引き渡した場合において、買主がその不適合を知った時から1年以内にその旨を売主に通知しないときは、買主は、その不適合を理由として、履行の追完の請求、代金の減額の請求、損害賠償の請求及び契約の解除をすることができない。ただし、売主が引渡しの時にその不適合を知り、又は重大な過失によって知らなかったときは、この限りでない。

第2章

賃 貸

（Q54~Q62 自然災害・新型コロナウィルス）

納得できない諸費用

これから賃貸借契約を締結する予定ですが、管理会社から借主が負担する諸経費として鍵交換費用が必要であるとの説明を受けました。鍵の交換費用は貸主負担だと思うのですが、負担しなければならないですか。

A 賃貸借契約書に鍵交換費用が借主負担と記載されているのであれば、貸主側の契約条件と思われます。借主が鍵交換費用を負担したくないのであれば、賃貸借契約を締結する前に貸主や管理会社と交渉するしかありません。納得できなければ、賃貸借契約を締結しないでください。鍵の交換費用を借主が負担することを認識して賃貸借契約を締結したのであれば、その費用が高額すぎるような場合を除き、借主が負担しなければなりません。

契約締結前のキャンセル

仲介業者を介して賃貸住宅の入居申し込みを行い、入居審査が通った後、敷金等を振り込みました。その後、仲介業者に賃貸借契約締結前にキャンセルを申し出たところ、敷金等を返金しないと言われました。敷金等は返金されないものなのでしょうか。

A 宅地建物取引業法施行規則で、宅建業者が預り金の返還を拒む行為は禁止されています。賃貸借契約締結前に敷金等の振り込みを求められることはありますが、契約を締結するまではあくまで預り金です。したがって、賃貸借契約を締結せずにキャンセルする場合、預り金は返還されるべきものです。

【参照条文】

宅地建物取引業法
（業務に関する禁止事項）
第四十七条の二 （略）

2 （略）

3 宅地建物取引業者は、第二項に定めるもののほか、宅地建物取引業に係る契約の締結に関する行為又は申込みの撤回若しくは解除の妨げに関する行為であって、第三十五条第一項第十四号イに規定する宅地建物取引業者の相手方等の利益の保護に欠けるものとして国土交通省令・内閣府令で定めるもの及びその他の宅地建物取引業者の相手方等の利益の保護に欠けるものとして国土交通省令で定めるものをしてはならない。

宅地建物取引業法施行規則
（法第四十七条の二第三項の国土交通省令・内閣府令及び同項の国土交通省例で定める行為）
第十六条の十二 法第四十七条の二第三項の国土交通省令・内閣府令及び同項の国土交通省令で定める行為は、次に掲げるものとする。

一 （略）

二 宅地建物取引業者の相手方等が契約の申込みの撤回を行うに際し、既に受領した預り金を返還することを拒むこと。

三 （略）

Q3 賃貸住宅を借りる際の保険の加入

賃貸借契約に際し、借主は、借家人賠償責任保険に加入しなければならないでしょうか。

もし、賃貸物件で借主の部屋から火事が発生し、消火のための放水により、他の借主の部屋に被害が及んだ場合はどうなりますか。

A 日本は木造家屋が多く、火事となった場合被害が甚大となる可能性があり、それに伴う損害賠償を失火者に負わせるのは過酷であることを考慮して、一般不法行為の特則としてできた特別法が失火責任法です。民法第709条（不法行為による損害賠償）では、故意又は過失によって他人の権利や法律上保護される利益を侵害した場合、損害賠償責任を負うことが規定されていますが、失火責任法では、失火者に重大な過失がない場合は民法第709条を適用しないと定められています。

したがって、借主の部屋から火事が発生し、消火のための放水により他の借主の部屋に被害が及んでも、当該他の借主が失火元の借主に損害賠償請求をしても、認められないこともあります。

他方で、失火責任法は債務不履行責任には適用されないという最高裁判例があり、賃借人には、賃貸借契約に基づく民法第400条が適用され、失火元の賃借人は賃貸人に対し損害賠償責任を負うこととなります。

したがって、借主としては、借家人賠償保険に加入して万一の場合に備えておくようにすべきでしょう。

【参照条文】

失火の責任に関する法律

　民法第七百九条ノ規定ハ失火ノ場合ニハ之ヲ適用セス但シ失火者ニ重大ナル過失アリタルトキハ此ノ限リニ在ラス

民法

（特定物の引渡しの場合の注意義務）

第四百条　債権の目的が特定物の引渡しであるときは、債務者は、その引渡しをするまで、契約その他の債権の発生原因及び取引上の社会通念に照らして定まる善良な管理者の注意をもって、その物を保存しなければならない。

（不法行為による損害賠償）

第七百九条　故意又は過失によって他人の権利又は法律上保護される利益を侵害した者

は、これによって生じた損害を賠償する責任を負う。

Q4 賃貸借契約締結時の注意点

原状回復のトラブルを避けるために、入居時にどのような点に注意すればよいのでしょうか。

A 　退去するとき原状回復に関する修繕費用等をめぐってのトラブルは、入居時にあった損耗・損傷であるかそうでないのか、その発生の時期などの事実関係が判然としないことが大きな原因のひとつです。

　そこで、入居時においては、賃貸人・賃借人双方が立ち会い、写真を撮るなどして、物件の状況を確認しておくことは、トラブルを避けるために大変有効な方法です。このような対応をしておけば、当該損耗・損傷が入居中に発生したものであるか否かが明らかになり、損耗・損傷の発生時期をめぐるトラブルが少なくなることが期待できます。

【参照条文】

民法

（賃借人の原状回復義務）

第六百二十一条　賃借人は、賃借物を受け取った後にこれに生じた損傷（通常の使用及び収益によって生じた賃借物の損耗並びに賃借物の経年変化を除く。以下この条において同じ。）がある場合において、賃貸借が終了したときは、その損傷を原状に復する義務を負う。ただし、その損傷が賃借人の責めに帰することができない事由によるものであるときは、この限りでない。

Q 広告料などの請求

　住んでいないマンションの一室を賃貸することにして、不動産会社に借主の募集を依頼しました。借主が決まり賃貸借契約を締結することになったのですが、仲介手数料以外に広告費の請求を受けました。仲介手数料以外の金銭も不動産会社に支払う義務はあるのでしょうか。

A　宅地建物取引業法に基づく報酬に関する国土交通省告示には、依頼者の依頼によって行う広告の料金相当額を除き、仲介手数料以外の報酬を受け取ることはできないとされています。したがって、不動産会社が通常行っているネット広告や、依頼者が依頼していない広告の料金を仲介手数料以外に支払う義務はありません。

【参照条文】

昭和四十五年建設省告示第千五百五十二号
　宅地建物取引業者が宅地又は建物の売買等に関して受けることができる報酬の額
　　第一～第三　（略）
　　第四　賃貸の媒介に関する報酬の額
　　　　宅地建物取引業者が宅地又は建物の賃借の媒介に関して依頼者の双方から受けることのできる報酬の額（当該媒介に係る消費税等相当額を含む。以下この規定において同じ。）の合計額は、当該宅地又は建物の借賃（当該貸借に係る消費税等相当額を含まないものとし、当該媒介が使用貸借に係るものである場合においては、当該宅地又は建物の通常の借賃をいう。以下同じ。）の一月分の一・一倍に相当する金額以内とする。この場合において、居住の用に供する建物の賃貸借の媒介に関して依頼者の一方から受け取ることのできる報酬の額は、当該媒介の依頼を受けるに当たって当該依頼者の承諾を得ている場合を除き、借賃の一月分〇・五五倍に相当する金額以内とする。
　　第五～第八　（略）
　　第九　第二から第八までの規定によらない報酬の受領の禁止
　　①　宅地建物取引業者は、宅地又は建物の売買、交換又は賃借の代理又は媒介に関し、第二から第八までの規定によるほか、報酬を受けることができない。ただし、依頼者の依頼によって行う広告の料金に相当する額については、この限りでない。

Q6 媒介報酬

居住用の賃貸物件を探そうと思っていますが、広告サイトを見ると、仲介手数料は家賃の1か月分であったり、0.5か月分であったり、無料のものもあります。仲介手数料の額は決まっていないのでしょうか。

A 　賃貸借の媒介に係る報酬は宅地建物取引業法に基づく報酬告示で定められており、貸主、借主双方から受け取ることができる額の合計額は、家賃1か月分（税抜）とされています。ただし、居住用建物の賃貸借の媒介報酬に関しては、一方から受け取ることができる報酬額は、依頼者から承諾を得ている場合を除き、家賃の0.5か月（税抜）とされています。

さらに、依頼者から0.5か月超1か月以下の報酬を受けることについて承諾を得ている場合は双方の合計額が1か月を超えない限り特段の規制はないとされています。

ご質問のとおり、貸主の承諾をとったうえで、貸主から1か月分の仲介手数料を受け取るので、借主の仲介手数料は無料になっているものもあれば、貸主からは仲介手数料を受け取らないので、借主の承諾をとったうえで、借主の仲介手数料が1か月分となっているものもあります。このように物件によって仲介手数料は異なるので、物件を探したり、紹介される際には、仲介手数料の額について確認すべきです。

【参照条文】

昭和四十五年建設省告示第千五百五十二号
　宅地建物取引業者が宅地又は建物の売買等に関して受けることができる報酬の額
　　第一～第三　（略）
　　第四　賃貸の媒介に関する報酬の額
　　　　宅地建物取引業者が宅地又は建物の賃借の媒介に関して依頼者の双方から受けることのできる報酬の額（当該媒介に係る消費税等相当額を含む。以下この規定において同じ。）の合計額は、当該宅地又は建物の借賃（当該賃借に係る消費税等相当額を含まないものとし、当該媒介が使用貸借に係るものである場合においては、当該宅地又は建物の通常の借賃をいう。以下同じ。）の一月分の一・一倍に相当する金額以内とする。この場合において、居住の用に供する建物の賃貸借の媒介に関して依頼者の一方から受け取ることのできる報酬の額は、当該媒介の依頼を受けるに当たって当該依頼者の承諾を得ている場合を除き、借賃の一月分〇・五五倍に相当する金額以内とする。

第五～第九　（略）

宅地建物取引業法の解釈・運用の考え方
第四十六条第一項関係
1　告示の運用について（昭和四十五年建設省告示第千五百五十二号関係）
　(1)～(2)　（略）
　(3)①・②　（略）
　　③　後段の規定は、居住の用に供する建物の賃貸借の媒介に関して宅地建物取引業者
　　　が受けることのできる報酬について、前段に規定する報酬額の合計額の範囲内にお
　　　いて依頼者の一方から受けることのできる限度額を定めているものであり、依頼者
　　　の承諾を得ている場合を除き、依頼者の双方から報酬を受ける場合のいずれかで
　　　あっても依頼者の一方から受ける報酬の額が当該限度額以下でなければならない。
　　④　（略）
　　⑤　「当該媒介契約の依頼を受けるに当たって当該依頼者の承諾を得ている場合」と
　　　は、当該媒介の依頼を受けるに当たって、依頼者から借賃の一月分の〇・五五倍に
　　　相当する金額以上の報酬を受けることについての承諾を得ている場合を指すもので
　　　あり、その場合においては、依頼者から受ける報酬の合計額が借賃の一月分の一・
　　　一倍に相当する金額を超えない限り、当該承諾に係る依頼者から受ける報酬の額、
　　　割合等については特段の規制はない。
　　　　なお、この依頼者の承諾は、宅地建物取引業者が媒介の依頼を受けるに当たって
　　　得ておくことが必要であり、依頼後に承諾を得ても後段に規定する承諾とはいえ
　　　ず、後段の規定を受けるものである。
　(4)～(8)　（略）
2～6　（略）

Q7 敷金

敷金とは、どのようなお金ですか。

A　敷金については、民法第622条の2において「いかなる名目によるかを問わず、賃料債務その他の賃貸借に基づいて生ずる賃借人の賃貸人に対する金銭の給付を目的とする債務を担保する目的で、賃借人が賃貸人に交付する金銭」と規定されています。

したがって、敷金は、借主の賃料滞納などの弁済に充てることや、契約終了などによる明渡しの際には、敷金から修繕費などを差し引いた額を借主に返還しなければならないとされている金銭です。

このように、敷金は賃貸人に対する賃借人の債務（未払賃料や原状回復費など）に充てることができる預り金です。なお、賃借人は、賃貸人に対し、自分の方から敷金をその債務の弁済に充当することを請求することはできません。

【参照条文】

民法

（敷金）

第六百二十二条の二　賃貸人は、敷金（いかなる名目によるかを問わず、賃料債務その他の賃貸借に基づいて生ずる賃借人の賃貸人に対する金銭の給付を目的とする債務を担保する目的で、賃借人が賃貸人に交付する金銭をいう。以下この条において同じ。）を受け取っている場合において、次に掲げるときは、賃借人に対し、その受け取った敷金の額から賃貸借に基づいて生じた賃借人の賃貸人に対する金銭の給付を目的とする債務の額を控除した残額を返還しなければならない。

一　賃貸借が終了し、かつ、賃貸物の返還を受けたとき。

二　賃借人が適法に賃借権を譲り渡したとき。

2　賃貸人は、賃借人が賃貸借に基づいて生じた金銭の給付を目的とする債務を履行しないときは、敷金をその債務の弁済に充てることができる。この場合において、賃借人は、賃貸人に対し、敷金をその債務の弁済に充てることを請求することができない。

Q 個人根保証

個人根保証契約について「極度額の定めは適用しない」とする特約は有効でしょうか。

A 　個人根保証契約は、極度額を定めなければ効力を生じないと定められているので、「極度額の定めは適用しない」とする特約を定めても、極度額の定めがない以上は、無効になると考えられます。

【参照条文】

民法

（個人根保証契約の保証人の責任等）

第四百六十五条の二　一定の範囲に属する不特定の債務を主たる債務とする保証契約（以下「根保証契約」という）であって保証人が法人でないもの（以下「個人根保証契約」という。）の保証人は、主たる債務の元本、主たる債務の利息、違約金、損害賠償その他その債務に従たる全てのもの及びその保証債務について約定された違約金又は損害賠償の額について、その全部に係る極度額を限度として、その履行をする責任を負う。

2　個人根保証契約は、前項に規定する極度額を定めなければ、その効力を生じない。

Q9 極度額 ①

極度額を賃料3か月分と設定した場合において、賃貸借契約締結当初に定めた家賃が値上がりしたときは、連動して極度額も上がることになるのでしょうか。

A 民法第448条に「主たる債務の目的又は態様が保証契約の締結後に加重されたときであっても、保証人の負担は加重されない」とあるので、自動的に上がることにはなりません。極度額は、保証契約締結時の賃料の3か月分のままです。

【参照条文】

民法
（保証人の負担と主たる債務の目的又は態様）
第四百四十八条　保証人の負担が債務の目的又は態様において主たる債務より重いときは、これを主たる債務の限度に減縮する。
2　主たる債務の目的又は態様が保証契約の締結後に加重されたときであっても、保証人の負担は加重されない。

極度額 ②

　保証人の極度額を決めるにあたり、原則家賃3か月分、「特殊な場合は別途協議する」と定めることは可能でしょうか。

A　　「別途協議する」との定めは、極度額を定めたことにならないので、少なくとも「特殊な場合は別途協議する」と定めた部分は無効になると考えられます。

極度額 ③

極度額の設定にあたり、目安などはありますか。

A 『平成30年３月に、国土交通省が「極度額に関する参考資料」を公表しています。具体的な極度額の設定に資するよう、家賃債務保証業者の損害額や、家賃滞納発生の実態、判決における連帯保証人の負担額などの調査を実施していますので、ご参考にしてください。』

『　』は、国土交通省「民法改正を受けた賃貸住宅標準契約書Ｑ＆Ａ」より引用。

Q 極度額 ④

極度額の表記方法はどのようにすればよいですか。

A 　　「～円（契約時の月額賃料の～か月相当分）」、「契約時の月額賃料（～円）の～か月分」、「～円」等が考えられます。なお、極度額は保証契約締結後に賃料の増減があっても変わるものではなく、保証人との間で保証契約の極度額を変更しない限り、契約時の額が適用されます。

参照資料：国土交通省「民法改正を受けた賃貸住宅標準契約書Ｑ＆Ａ」

極度額 ⑤

連帯保証人の負担する債務の元本が確定する前に、債務の一部が連帯保証人により履行された場合、極度額の考え方はどうなりますか。

A 『極度額は、連帯保証人の負担する債務の総額という考え方のため、一部履行された場合は、その分極度額は目減りし、その残額を上限として保証することになります。』

『 』は、国土交通省「民法改正を受けた賃貸住宅標準契約書Q＆A」より引用。

Q14 極度額 ⑥

　借主が学生であって、その親が連帯保証人となっている契約ですが、実際に毎月家賃を振り込むのは親である場合、連帯保証人としての極度額は縮減してしまいますか。

A　親からの『毎月の家賃の支払は、連帯保証人としての支払ではなく、契約者本人による支払としてされているものであると考えられるため、連帯保証人の極度額は縮減しないと考えられます。当事者間の認識に違いがありそうな場合や、不安がある場合には、契約時点や振り込みのあった時点で、連帯保証人との間で極度額は縮減しない旨を確認するようにしましょう。』

　『　』は、国土交通省「民法改正を受けた賃貸住宅標準契約書Q＆A」より引用。

Q15 極度額 ⑦

連帯保証人による履行があって極度額が目減りした後、保証契約を合意更新する場合、極度額はどのようにすればいいですか。

> **A** 　『連帯保証人と協議の上、改めて極度額を設定し直す方法や、目減りした極度額で新たな保証契約を締結する方法などが考えられます。いずれにしても連帯保証人との間で確認し、合意により決めてください。』

『　』は、国土交通省「民法改正を受けた賃貸住宅標準契約書Ｑ＆Ａ」より引用。

Q 個人根保証契約の元本確定

　保証人が死亡した場合、債務の元本が確定した後に発生する延滞賃料については保証人が存在しないことになってしまうのでしょうか。また、その場合、保証契約の中にあらかじめ、「保証人が死亡した場合は保証人の相続人が保証する」等の特約を付すことは可能でしょうか。

A　　保証人が死亡した時点で債務の元本は確定します。したがって、死亡時点で発生済みの債務に関しては、保証人の相続人が履行する責任を負いますが、死亡後に発生した債務は保証の対象ではありません。保証人が死亡して賃料に関して不安がある状態になると、契約の存続自体が危うくなる場合もあり、新たな保証人と保証契約を締結することを考える必要があります。

　なお、「保証人死亡後は保証人の相続人が保証する」等の特約は、保証人の相続人との間で合意していなければ、無効であると考えられます。

【参照条文】

民法

（個人根保証契約の元本確定事由）

第四百六十五条の四　次に掲げる場合には、個人根保証契約における主たる債務の元本は、確定する。ただし、第一号に掲げる場合にあっては、強制執行又は担保権の実行の手続の開始があったときに限る。

　一・二　（略）

　三　主たる債務者又は保証人が死亡したとき。

2　（略）

Q17 保証人の責任

賃借人が死亡した場合、死亡後の滞納家賃、原状回復費用は、連帯保証人が責任を負うことになるのでしょうか。

A 賃借人死亡後に発生した滞納家賃も、原状回復義務も、賃借人の相続人が相続します。

他方、賃借人死亡前に発生していた滞納家賃は連帯保証人が責任を負いますが、賃借人死亡後の賃料は、元本確定後に発生するものなので、連帯保証人は責任を負わないと考えられます。

借主の死亡までに故意過失による汚損破損があれば、その損害賠償にかかる債務は、元本確定前の借主の債務として、連帯保証人が責任を負うと考えられます。

【参照条文】

民法

（個人根保証契約の元本確定事由）

第四百六十五条の四　次に掲げる場合には、個人根保証契約における主たる債務の元本は、確定する。ただし、第一号に掲げる場合にあっては、強制執行又は担保権の実行の手続の開始があったときに限る。

　　一・二　（略）

　　三　主たる債務者又は保証人が死亡したとき。

2　（略）

契約締結時の保証人に対する情報提供義務

店舗などの賃貸借契約の保証人になるときは、債務も大きくなることが予測されますが、保証人を引き受けるか否かの判断に関して必要な情報提供を受けることができるのでしょうか。

A 債務が貸金等でない場合であっても、事業のための債務は高額となることも考えられるので、事業のための賃貸借契約のときは、賃借人は保証人に対して、財産・収支状況や他の債務などの情報提供が義務付けられています。

また、その情報提供を怠ったことで保証人が賃借人の財産・収支状況等について誤認したために保証契約を締結したことを賃貸人が知り又は知ることができたときは、保証人は保証契約を取り消すことができる場合もあります。

【参照条文】

民法

（契約締結時の情報の提供義務）

第四百六十五条の十　主たる債務者は、事業のために負担する債務を主たる債務とする保証又は主たる債務の範囲に事業のために負担する債務が含まれる根保証の委託をするときは、委託を受ける者に対し、次に掲げる事項に関する情報を提供しなければならない。

一　財産及び収支の状況

二　主たる債務以外に負担している債務の有無並びにその額及び履行状況

三　主たる債務の担保として他に提供し、又は提供しようとするものがあるときは、その旨及びその内容

2　主たる債務者が前項各号に掲げる事項に関して情報を提供せず、又は事実と異なる情報を提供したために委託を受けた者がその事項について誤認をし、それによって保証契約の申込み又はその承諾の意思表示をした場合において、主たる債務者がその事項に関して情報を提供せず又は事実と異なる情報を提供したことを債権者が知り又は知ることができたときは、保証人は、保証契約を取り消すことができる。

3　第二項の規定は、保証をする者が法人である場合には、適用しない。

賃貸借契約更新時の更新料と更新手数料

賃借中のアパートの契約更新時期が到来し、管理会社から更新料と更新手数料を請求されました。更新料と更新手数料の違いは何ですか。また、支払わなければならないでしょうか。

A 　一般的に言えば、⑴更新料は賃貸借契約の更新にあたり、貸主あてに支払う金員、⑵更新手数料は賃貸借契約の更新手続を行う管理会社に支払う手数料のケースがほとんどです。

⑴については、賃貸借契約書上明記されていれば、支払う必要があると考えられます。

更新料に関する最高裁の判例では、賃貸借契約書に一義的かつ具体的に記載された更新料条項は、更新料の額が賃料の額に対し、貸借契約が更新される期間等に照らし高額に過ぎるなどの特段の事情がない限り、消費者契約法第10条により無効ということはできないと判断されています。

したがって、賃貸借契約書上明記された更新料については、支払う必要があります。

他方、⑵については、管理会社は貸主との契約に基づき、借主からの賃料等の集金業務や賃貸借物件の維持管理業務を行っているもので、借主との契約関係はないケースがほとんどです。借主が管理会社と契約関係にはなく、また当該契約更新に関して特段管理会社に依頼をしていることがなければ、借主が支払うべき更新手数料の発生はないものと思われます。このことは、更新契約に関する書面の作成等の作業を借主が管理会社に対して依頼する形になると、借主が更新手数料を支払わなければならない場合もあるということであり、管理会社と金銭の趣旨を確認して対応してください。

【参照条文】

消費者契約法

（消費者の利益を一方的に害する条項の無効）

第十条　消費者の不作為をもって当該消費者が新たな消費者契約の申込み又はその承諾の意思表示をしたものとみなす条項その他の法令中の公の秩序に関しない規定の適用による場合に比して消費者の権利を制限し又は消費者の義務を加重する消費者契約の条項であって、民法第一条第二項に規定する基本原則に反して消費者の利益を一方的に害するものは、無効とする。

民法
（基本原則）
第一条　私権は、公共の福祉に適合しなければならない。
2　権利の行使及び義務の履行は、信義に従い誠実に行わなければならない。
3　権利の濫用は、これを許さない。

【参考裁判例】
［最高裁判決（平成22㋑863）］（平成23年7月15日）
　賃貸借契約書に一義的かつ具体的に記載された更新料条項は、更新料の額が賃料の額、賃貸借契約が更新される期間等に照らし高額に過ぎるなどの特段の事情がない限り、消費者契約法10条にいう「民法第1条第2項に規定する基本原則に反して消費者の利益を一方的に害するもの」には当たらない、とされた事例。

Q20 家賃の値上げ、値下げ

もうすぐ賃貸住宅の更新時期となりますが、管理会社を通じて貸主より、経済事情が大きく変動したこと及び周辺地域の賃料相場が上昇したことを理由に賃料の値上げを要求されています。貸主の申出に応じる必要はありますか。

A 賃料が不相当となった場合は、一定期間賃料の増額をしない旨の特約がある場合を除き、賃料の増額や減額を相手方に対して請求することができます。この請求に対しては、借主が貸主の申出に応じなければならないということはなく、貸主・借主双方が協議して合意することが必要となります。

　両者で賃料変更の合意ができなかった場合、請求者は、調停の申し立てを行い、調停が不調の場合は、賃料増（減）額請求の訴えを提起することができます。借主は、増（減）額を正当とする裁判が確定するまでは、相当と認める額（少なくとも現行賃料）の賃料を支払う必要があります。貸主に賃料を受け取ってもらえない場合は、賃料を法務局に供託する方法があります。受け取ってもらえないからといって支払わずにいたり、現行賃料が高すぎるとして一方的に減額して支払っていた場合には、賃料滞納を理由に契約を解除されてしまう恐れがあるので注意が必要です。

【参照条文】

借地借家法

（借賃増減請求権）

第三十二条　建物の借賃が、土地若しくは建物に対する租税その他の負担の増減により、土地若しくは建物の価格の上昇若しくは低下その他の経済事情の変動により、又は近傍同種の建物の借賃に比較して不相当となったときは、契約の条件にかかわらず、当事者は、将来に向かって建物の借賃の額の増減を請求することができる。ただし、一定の期間建物の借賃を増額しない旨の特約がある場合には、その定めに従う。

2　建物の借賃の増額について当事者間に協議が調わないときは、その請求を受けた者は、増額を正当とする裁判が確定するまでは、相当と認める額の建物の借賃を支払うことをもって足りる。ただし、その裁判が確定した場合において、既に支払った額に不足があるときは、その不足額に年一割の割合による支払期後の利息を付してこれを支払わなければならない。

3　建物の借賃の減額について当事者間に協議が調わないときは、その請求を受けた者は、減額を正当とする裁判が確定するまでは、相当と認める額の建物の借賃の支払いを

請求することができる。ただし、その裁判が確定した場合において、既に支払を受けた額が正当とされた建物の借賃の額を超えるときは、その超過額に年一割の割合による受領の時からの利息を付してこれを返還しなければならない。

民事調停法
（地代借賃増減請求事件の調停の前置）
第二十四条の二　借地借家法（平成三年法律第九十号）第十一条の地代若しくは土地の借賃の額の増減の請求又は同法第三十二条の建物の借賃の額の増減の請求に関する事件について訴えを提起しようとする者は、まず調停の申立てをしなければならない。
　2　（略）

契約時が旧民法、更新時が現行民法の場合

旧民法時に締結された賃貸借契約が、現行民法時に契約更新された場合、賃貸借契約にはどちらの法が適用されるのでしょうか。

A 賃貸借契約が約定の更新条項に基づいて自動更新がされる場合や合意更新がされる場合には、現行民法の下で当事者間の合意がなされるので、現行民法が適用されると考えられます。

他方、借地借家法では、法定更新が定められ、契約の更新をしたものとみなされることがありますが（借地借家法第26条）、この場合には、当事者間の合意によるものと考えられないので、現行民法施行日前に締結された契約として、旧民法が適用されると考えられます。

【参照条文】

借地借家法

（建物賃貸借契約の更新等）

第二十六条　建物の賃貸借について期間の定めがある場合において、当事者が期間の満了の一年前から六月前までの間に相手方に対して更新をしない旨の通知又は条件を変更しなければ更新をしない旨の通知をしなかったときは、従前の契約と同一の条件で契約を更新したものとみなす。ただし、その期間は、定めがないものとする。

2　前項の通知をした場合であっても、建物の賃貸借の期間が満了した後建物の賃借人が使用を継続する場合において、建物の賃貸人が遅滞なく異議を述べなかったときも、同項と同様とする。

3　建物の転貸借がされている場合においては、建物の転借人がする建物の使用の継続を建物の賃借人がする建物の使用の継続とみなして、建物の賃借人と賃貸人との間について前項の規定を適用する。

Q 保証契約の取扱い

旧民法時の賃貸借契約が更新された場合、保証契約は現行民法が適用されるのですか。

A 　賃貸借契約の更新にあわせて、保証契約も改めて合意された場合や、新たな保証契約が締結された場合には、現行民法が適用されます。つまり、極度額の設定が必要となります。なお合意更新かどうかあいまいな取扱い（更新時に連帯保証人に連絡を取らない、確認をしないなど）は、後々のトラブルを招きかねません。賃貸借契約の合意更新をする際には、きちんと連帯保証人にも契約更新について連絡をし、保証意思を確認するとともに、協議の上合意した額を極度額として設定すべきでしょう。

　なお、期間の定めのある賃貸借契約の更新時に保証契約に関しては特段の手続きをしないとき、賃貸借契約が更新されれば特段の事情がない限り保証契約も継続するというのが判例です。この場合、保証契約は更新後の賃貸借契約に及び、また新たな保証契約は締結されていないので、保証契約には旧民法が適用されます（極度額の定めがなくても無効とならない。）。

【参考裁判例】

［最高裁判決（平成6㈠1883）］（平成9年11月13日）

　期間の定めのある建物の賃貸借において、賃借人のために保証人が賃貸人との間で保証契約を締結した場合には、反対の趣旨をうかがわせるような特段の事情のない限り、保証人が更新後の賃貸借から生ずる賃借人の債務についても保証の責めを負う趣旨で合意されたものとする事例。

締結中の保証契約の有効性

締結している賃貸借契約での連帯保証契約は、旧民法の下で締結された
ので極度額はありませんが、現行民法の施行により無効になってしまうの
ですか。

A 賃貸借契約に基づく債務を保証する保証契約は、現行民法施行後
に、改めて保証契約が合意されるまでは旧民法が適用されるので、
旧民法の下で締結された連帯保証契約に極度額の定めがなくても有効で
す。

Q24　賃貸借の存続期間 ①

　民法では、賃貸借の存続期間は最長50年とされていますが、住宅など建物を建てることを前提に土地を借りる場合の借地権についてはどうなりますか。

A　住宅など建物所有を目的とする地上権又は賃借権は、民法の特別法である借地借家法が適用されます。借地借家法では、借地権の存続期間は30年とされていますが、契約でこれより長い期間を定めることができるとされています。

【参照条文】

民法
（賃貸借の存続期間）
第六百四条　賃貸借の存続期間は、五十年を超えることができない。契約でこれより長い期間を定めたときであっても、その期間は、五十年とする。
2　賃貸借の存続期間は、更新することができる。ただし、その期間は、更新の時から五十年を超えることができない。

借地借家法
（定義）
第二条　この法律において、次の各号に掲げる用語の定義は、当該各号に定めるところによる。
　一　借地権　建物の所有を目的とする地上権又は土地の賃借権をいう。

（借地権の存続期間）
第三条　借地権の存続期間は、三十年とする。ただし、契約でこれより長い期間を定めたときは、その期間とする。

（建物賃貸借の期間）
第二十九条　期間を一年未満とする建物の賃貸借は、期間の定めがない建物の賃貸借とみなす。
2　民法六百四条の規定は、建物の賃貸借については、適用しない。

Q25 賃貸借の存続期間 ②

民法で賃貸借の存続期間は、最長50年とされていますが、不動産ではどのような場合に民法が適用されて存続期間が最長50年となるのでしょうか。

A 　建物の賃貸借契約と住宅など建物所有を目的とする地上権又は土地賃借権は、民法の特別法である借地借家法が適用されるので、存続期間が最長50年である旨の民法の規定は適用されません。民法の賃借権の存続期間が適用されるのは、主に駐車場、資材置き場、太陽光発電施設など、建物所有を目的としない土地賃貸借の場合です。

【参照条文】

民法
（賃貸借の存続期間）
第六百四条　賃貸借の存続期間は、五十年を超えることができない。契約でこれより長い期間を定めたときであっても、その期間は、五十年とする。
2　賃貸借の存続期間は、更新することができる。ただし、その期間は、更新の時から五十年を超えることができない。

定期借家契約の更新

定期借家契約で賃貸住宅に居住していますが、もうすぐ期間満了を迎えます。この賃貸住宅に期間満了後も引き続き住み続けたいのですが、更新はできるのでしょうか。

 定期借家契約では更新はできません。住み続けたい場合には、貸主との間で、新たに賃貸借契約を締結しなければなりません。

【参照条文】

借地借家法

（建物賃貸借の期間）

第二十九条　期間を一年未満とする建物の賃貸借は、期間の定めがない建物の賃貸借とみなす。

2　（略）

（強行規定）

第三十条　この節の規定に反する特約で建物の賃借人に不利なものは、無効とする。

（定期建物賃貸借）

第三十八条　期間の定めがある建物の賃貸借をする場合においては、公正証書による等書面によって契約をするときに限り、第三十条の規定にかかわらず、契約の更新がないこととする旨を定めることができる。この場合には、第二十九条第一項の規定を適用しない。

2〜7　（略）

Q27 定期借家契約の再契約の仲介手数料

　定期借家契約がもうすぐ期間満了になりますが、継続して居住したいという借主の申し出がありました。仲介業者はそれを受けて貸主と交渉し、仲介にて再契約を締結することになりました。仲介業者はこの再契約締結に関し、仲介手数料は請求できるのでしょうか。

A　貸主や借主との間で媒介についての合意があるのであれば、更新ではなく新たな定期借家契約の成立に尽力しているので、媒介報酬を請求することはできます。
　ただし、通常の契約時の媒介業務と同様に、重要事項説明、37条書面の交付、賃貸人からの定期借家である旨の書面交付などを行う必要があります。

【参照条文】

借地借家法
（定期建物賃貸借）
第三十八条　（略）
2　前項の規定による建物の賃貸借をしようとするときは、建物の賃貸人は、あらかじめ、建物の賃貸人に対し、同項の規定による建物の賃貸借は契約の更新がなく、期間の満了により当該建物の賃貸借は終了することについて、その旨を記載した書面を交付して説明しなければならない。

Q 修繕 ①

　　賃貸住宅に入居中ですが、浴室の給湯機が故障しました。貸主に修繕依頼したのですが、なかなか修繕してくれません。どうすればよいのでしょうか。

A　　賃貸借契約の内容によりますが、通常は、浴室の給湯機は「借主の故意過失により必要となった修繕以外は、貸主が修繕義務を負う」となっています。このような条項があれば、貸主に修繕依頼すべきです。また、契約書に修繕義務についての記載がない場合、「賃借物の使用収益に必要な修繕義務は貸主が負う」という民法の規定が適用されます。なお、修繕依頼をしても修繕してくれないのであれば、民法では、借主の方で修繕することができる場合があります。

【参照条文】

民法

（賃貸人による修繕）

第六百六条　賃貸人は、賃貸物の使用及び収益に必要な修繕をする義務を負う。ただし、賃借人の責めに帰すべき事由によってその修繕が必要となったときは、この限りではない。

2　（略）

（賃借人による修繕等）

第六百七条の二　賃借物の修繕が必要である場合において、次に掲げるときは、賃借人は、その修繕をすることができる。

1　賃借人が賃貸人に修繕が必要である旨を通知し、又は賃貸人がその旨を知ったにもかかわらず、賃貸人が相当の期間内に必要な修繕をしないとき。

2　急迫の事情があるとき。

Q 修繕 ②

賃貸住宅に入居中ですが、一部屋に雨漏りが発生しました。貸主に修繕を依頼したのですがが、なかなか修繕してくれません。修繕してくれないないのであれば、家賃を減額して欲しいのですが。

A 民法では、賃借物の一部が使用できなくなった場合、賃料はその部分の割合に応じて減額されると規定されています。したがって、減額される額について協議しつつ、修繕を促してはいかがでしょうか。

【参照条文】

民法

（賃借物の一部滅失等による賃料減額等）

第六百十一条 賃借物の一部が滅失その他の事由により使用及び収益をすることができなくなった場合において、それが賃借人の責めに帰することができない事由によるものであるときは、賃料はその使用及び収益をすることができなくなった部分の割合に応じて、減額される。

2 （略）

Q 修繕 ③

　賃貸住宅に入居していますが、トイレの配管が詰まり、水漏れが発生してしまいまいした。貸主に修繕を依頼しましたが、借主の使用方法が悪いので借主で修繕するよう言われ、対応してもらえませんでした。トイレの使用方法は通常通りで、詰まるようなものを流したりはしていません。貸主に修繕義務はないのでしょうか。

A　配管の詰まりの原因が、配管の老朽化等によるものであれば貸主が修繕義務を負いますが、借主の使用方法に起因するものであれば借主が修繕義務を負います。貸主、借主立ち会いのもと、修繕業者に原因を確認させ、どちらが修繕義務を負うのか協議すべきです。

【参照条文】

民法

（賃貸人による修繕等）

第六百六条　賃貸人は、賃貸物の使用及び収益に必要な修繕をする義務を負う。ただし、賃借人の責めに帰すべき事由によってその修繕が必要となったときは、この限りではない。

2　賃貸人が賃貸物の保存に必要な行為をしようとするときは、賃借人はこれを拒むことができない。

賃貸人による修繕

賃貸人の修繕義務について、賃借人の責に帰すべき事由によって修繕が必要となった場合、賃貸人は修繕義務を負わないとされていますが、賃借人の責任であるかどうかは、どのように判断することになるのでしょうか。

A 賃借人の責任であるかどうかは、修繕が必要な状態が賃借人の善管注意義務違反などで生じたか否か等で判断することになります。もっとも、賃借人の責任によって修繕が必要になったということは、賃貸人が立証しなければなりません。

したがって、賃借人から修繕依頼があったとき、賃貸人は賃借人の責任であると立証した上で、修繕義務を免れることになりますが、実務的にはまずは双方で協議して、賃借人の責任の有無を話し合うことになると考えられます。

【参照条文】

民法

（賃貸人による修繕等）

第六百六条　賃貸人は、賃貸物の使用及び収益に必要な修繕をする義務を負う。ただし、賃借人の責めに帰すべき事由によってその修繕が必要となったときは、この限りではない。

2　賃貸人が賃貸物の保存に必要な行為をしようとするときは、賃借人は、これを拒むことができない。

Q 賃借人による修繕

賃借人が賃貸人に修繕が必要である旨を通知し、または賃貸人がその旨を知ったにもかかわらず、賃貸人が相当の期間内に必要な修繕をしないとき、及び急迫の事情があるとき、賃借人は修繕できるとされていますが、実務上の留意点を教えてください。

A 　修繕義務を負う賃貸人が修繕を行わない場合等に、賃借人が修繕をすることができるのは、あくまでも使用及び収益に必要な修繕に限られます。賃借人が修繕として認められる範囲・程度・必要性を超えて工事をした場合には、賃貸人に対する費用償還が認められないだけではなく、賃貸人の建物所有権の侵害となることも考えられます。

　一方、賃貸人は賃借物の修繕義務を負うと民法で規定されています。通常の賃貸借契約でも同様に規定されていることが多く、賃借人から修繕が必要である旨の通知があったときは、賃貸人は確認のうえ、必要な修繕をする義務があります。この義務を怠って賃借人が必要な修繕を行うと、賃貸人が想定していた以上の修繕費の費用償還請求がなされることも考えられます。

　したがって、賃借人から修繕の申し出があったときは、賃貸人と賃借人は、客観的に修繕が必要な範囲・程度について協議することがトラブルを避けるためには必要と考えられます。

【参照条文】

民法

（賃貸人による修繕等）

第六百六条 　賃貸人は、賃貸物の使用及び収益に必要な修繕をする義務を負う。ただし、賃借人の責めに帰すべき事由によってその修繕が必要となったときは、この限りではない。

2 　（略）

（賃借人による修繕）

第六百七条の二 　賃貸物の修繕が必要である場合において、次に掲げるときは、賃借人は、その修繕をすることができる。

一 　賃借人が賃貸人に修繕が必要である旨を通知し、又は賃貸人がその旨を知ったにもかかわらず、賃貸人が相当の期間内に必要な修繕をしないとき。

二 　急迫の事情があるとき。

（賃借人による費用の償還請求）

第六百八条 　賃借人は、賃借物について賃貸人の負担に属する必要費を支出したときは、賃貸人に対し、直ちにその償還を請求することができる。

2 　（略）

33
Q　賃借物の一部が使用収益できないとき ①

一部滅失による賃料減額について、「減額される」とされていますが、実務上ではどのように考えればよいのでしょうか。

A　賃借物が一部滅失して賃借人が賃借物の一部を使用・収益することができなくなった場合には、賃借人から請求がなくても賃料は当然減額になります。したがって、減額に値する状況にもかかわらず賃貸人が従前家賃を請求し続けると、減額になっているはずなのに過大な請求がなされてきたと後々返還請求されるようなトラブルが発生する可能性があります。

逆に賃借人は、当然減額されたと考えて自らが適正と考える賃料を供託したところ、結果として、本来支払うべき賃料が供託額を上回っていた場合、賃貸人は、適正賃料の支払いがないことを理由として、債務不履行解除をすることも予想されます。

これらを踏まえ、標準賃貸借契約書では、以下の条文が入っています。

（一部滅失等による賃料の減額等）
第12条　本物件の一部が滅失その他の事由により使用できなくなった場合において、それが借主の責めに帰することができない事由によるものであるときは、賃料は、その使用できなくなった部分の割合に応じて、減額されるものとする。この場合において、貸主及び借主は、減額の程度、期間その他必要な事項について協議するものとする。

このように、実務的には、賃貸人と賃借人とで、減額の程度、期間その他必要な事項について協議するようにすべきでしょう。

【参照条文】

民法
（賃借物の一部滅失等による賃料減額等）
第六百十一条　賃借物の一部が滅失その他の事由により使用及び収益をすることができなくなった場合において、それが賃借人の責めに帰することができない事由によるものであるときは、賃料は、その使用及び収益をすることができなくなった部分の割合に応じて、減額される。
2　（略）

賃借物の一部が使用収益できないとき ②

賃借物の滅失その他の事由により使用収益できなくなった場合に賃料減額が認められるとされていますが、雨漏りなど、一般の住宅に求められる性能を有していない場合も該当するのでしょうか。なお、その場合、雨漏りがある部屋の面積と全体面積との按分にて賃料減額をすることになるのでしょうか。

A 賃料は使用収益の対価であり、雨漏りなど、一般の住宅に求められる性能を有していない場合も、賃借物の一部が使用収益をすることができなくなった場合には、賃料は減額の対象になります。

もっとも、雨漏りの場合、使用収益できなくなった部分の割合が、その部屋がリビングなのか寝室なのかによっても異なり、また、使用状況も考慮することになると考えられます。したがって、賃料減額の割合が面積按分になるとは限りません。

【参照条文】

民法

（賃借物の一部滅失等による賃料減額等）

第六百十一条 賃借物の一部が滅失その他の事由により使用及び収益をすることができなくなった場合において、それが賃借人の責めに帰することができない事由によるものであるときは、賃料は、その使用及び収益をすることができなくなった部分の割合に応じて、減額される。

2 （略）

35 賃借物の一部が使用収益できないとき ③

賃借物の一部が滅失して契約目的を達することができないとき、賃借人は解約することはできるのでしょうか。

A 　賃借人の過失の有無にかかわらず、賃借物の一部が滅失その他の事由によって使用収益をすることができなくなった場合において、残存する部分のみでは賃貸借契約の契約目的を達することができないときは、賃借人は契約解除することができます。

　　もっとも、賃借人の過失によって一部滅失したときは、賃借人は原状回復義務としての修繕費を負担することになると考えられます。

【参照条文】

民法

（賃借物の一部滅失等による賃料減額等）

第六百十一条　賃借物の一部が滅失その他の事由により使用及び収益をすることができなくなった場合において、それが賃借人の責めに帰することができない事由によるものであるときは、賃料は、その使用及び収益をすることができなくなった部分の割合に応じて、減額される。

2　賃借物の一部が滅失その他の事由により使用及び収益をすることができなくなった場合において、残存する部分のみでは賃借人が賃借した目的を達することができないときは、賃借人は、契約の解除をすることができる。

36 Q 転貸の効果

賃借人が転貸している場合において、賃貸人と賃借人が賃貸借契約（マスターリース契約）を合意解除した場合、転借人の契約も解除になるのでしょうか。

A 　賃貸借契約（マスターリース契約）が債務不履行解除の要件を満たしていたときを除き、賃貸人は、その合意解除の効力を転借人に主張することはできません。このため、賃貸借契約（マスターリース契約）が合意解除されても、賃借人に債務不履行があって、賃貸人が債務不履行を理由に賃貸借契約（マスターリース契約）を解除できる場合でない限り、転借人は転貸物を使用収益することを賃貸人に主張することができます。

【参照条文】

民法

（転貸の効果）

第六百十三条　賃借人が適法に賃借物を転貸したときは、転借人は、賃貸人と賃借人との間の賃貸借に基づく賃借人の債務の範囲を限度として、賃貸人に対して転貸借に基づく債務を直接履行する義務を負う。この場合においては、賃料の前払をもって賃貸人に対抗することができない。

2　（略）

3　賃借人が適法に賃借物を転貸した場合には、賃貸人は、賃借人との間の賃貸借を合意により解除したことをもって転借人に対抗することができない。ただし、その解除の当時、賃貸人が賃借人の債務不履行による解除権を有していたときは、この限りでない。

オーナーチェンジのときの賃貸人の地位

オーナーチェンジで賃貸人が売主から買主に替わったとき、建物の引渡しを受けている賃借人の承諾は必要なのでしょうか。

A オーナーチェンジの場合には、賃借人が建物の引渡しを受けていて借地借家法第31条による対抗要件を備えているのであれば、賃借人の承諾なく賃貸人の地位が売主から買主に移転されることになります。そのうえで、買主が所有権移転の登記を行えば、賃借人の承諾がなくても、賃貸人であることを賃借人に主張することができます。

【参照条文】

民法
（不動産賃貸借の対抗力）
第六百五条　不動産の賃貸借は、これを登記したときは、その不動産について物権を取得した者その他の第三者に対抗することができる。

（不動産の賃貸人たる地位の移転）
第六百五条の二　前条、借地借家法（平成三年法律第九十号）第十条又は第三十一条その他の法令の規定による賃貸借の対抗要件を備えた場合において、その不動産が譲渡されたときは、その不動産の賃貸人たる地位は、その譲受人に移転する。
2　（略）
3　第一項又は前項後段の規定による賃貸人たる地位の移転は、賃貸物である不動産について所有権の移転の登記をしなければ、賃借人に対抗することができない。
4　（略）

借地借家法
（建物賃貸借の対抗力等）
第三十一条　建物の賃貸借は、その登記がなくても、建物の引渡しがあったときは、その後その建物について物権を取得した者に対し、効力を生ずる。

Q オーナーチェンジ

アパートが売却され、新しい貸主が新しい賃貸借契約書を持ってきましたが、借主に不利な条文が付け加えられています。賃貸借契約書に押印できないのであれば、契約しないで退去してもらうと言っています。どうしたらよいでしょうか。

A 借りて住んでいるアパートが売却されて所有者が変わった場合、新たな所有者は従来の賃貸借契約を当然に引き継ぐことになります。（民法第605条の2第1項）。したがって、借主に不利になることはありません。提示された新しい賃貸借契約書に承諾できない内容が追加されたり、修正されているときは押印する必要はありません。

Q 貸主からの解約退去 ①

貸主から次の更新はしないので賃貸住宅から退去するように言われました。理由をたずねると、建物が古くなったので建替えるとのことでした。自分としては引き続き住み続けたいし、仮に退去するにしても引っ越し費用などの捻出が厳しいのですが。

A　借地借家法では、貸主からの更新拒絶が認められるためには「正当事由」が必要と定められています。借地借家法では正当事由について、①貸主及び借主が建物を必要とする事情、②賃貸借に関する従前の経過、③建物の利用状況、④建物の現況（老朽化）に加え、⑤財産上の給付（立退料）を考慮すると規定しています。今回のケースでは、貸主は建物が古くなったからと主張していますが、仮に裁判になったとき、老朽化だけでなく、①〜⑤を総合的に考慮して、正当事由の有無が判断されます。これらを踏まえて貸主と協議してください。

【参照条文】

借地借家法

（建物賃貸借契約の更新拒絶等の要件）

第二十八条　建物の賃貸人による第二十六条第一項の通知又は建物の賃貸借の解約の申入れは、建物の賃貸人及び賃借人（転借人を含む。以下この条において同じ）が建物の使用を必要とする事情のほか、建物の賃貸借に関する従前の経過、建物の利用状況及び建物の現況並びに建物の賃貸人が建物の明渡しの条件として又は建物の明渡しと引換えに建物の賃借人に対して財産上の給付をする申し出をした場合におけるその申し出を考慮して、正当な事由があると認められる場合でなければ、することができない。

Q40 貸主からの解約退去 ②

家賃を滞納したため、貸主から解約退去と言われました。貸主の言う通り、解約退去しなくてはならないのでしょうか。

A 賃貸借契約においては、借主は貸主に対して家賃を支払う義務（債務）を負っていますから、このような契約上の債務を実行しないことは債務不履行になります。民法では、債務不履行をした者に対し、履行の催告をしても応じないときは、契約の解除をすることができるとありますが、不動産賃貸借契約においては、単に債務不履行の事実があるだけではなく、契約当事者間の信頼関係が破壊されたといえるような事情が求められるのが判例です。具体的には、1か月程度の滞納だけでは契約解除が認められることは通常はありません。ただし、貸主に対しては、滞納した家賃を支払う意思を伝え、分割払いにする等、協議してください。なお、裁判においては、3か月以上滞納をしていると、信頼関係が破壊されたと認定されて、賃貸借契約の解除が認められることが多いようです。

【参照条文】

民法

（催告による解除）

第五百四十一条　当事者の一方がその債務を履行しない場合において、相手方が相当の期間を定めてその履行の催告をし、その期間内に履行がないときは、相手方は契約の解除をすることができる。ただし、その期間を経過した時における債務の不履行がその契約及び取引上の社会通念に照らして軽微であるときは、この限りでない。

【参考裁判例】

［最高裁判決（昭和37(オ)747）］（昭和39年7月28日）

催告期間内に延滞賃料の支払いがなかったときでも、賃借人に賃貸借の基調である相互の信頼関係を破棄するに至る程度の不誠意が認められないときは、延滞賃料不払を理由とする解除は認められないとされた事例。

［最高裁判決（昭和51(オ)633）］（昭和51年12月17日）

賃貸人が賃料の支払いを一か月でも怠ったときは建物賃貸借契約は当然解除となる旨の訴訟上の和解条項に基づく契約の当然解除が認められないとされた事例。

Q 41 定期借家契約の中途解約

定期借家契約で賃貸住宅に居住していますが、急な転勤で住み続けることができなくなりました。中途解約はできるのでしょうか。

A 　契約の中に中途解約条項がある場合には、その規定に従って中途解約をすることが可能です。中途解約条項が定められていない場合であっても、定期借家契約の場合には、借地借家法第38条5項に基づいて中途解約することができる場合があります。借地借家法第38条5項では、転勤などやむを得ない事情により住むことが困難となったときは、解約の申し入れができ、申し入れから1か月で賃貸借契約は終了すると規定されています。ただし、居住用賃貸であり、かつ床面積200㎡未満であることが条件になります。

【参照条文】

借地借家法

（定期建物賃貸借）

第三十八条　（略）

5　第一項の規定による居住の用に供する建物の賃貸借（床面積（建物の一部分を賃貸借の目的とする場合にあっては、当該一部分の床面積）が二百平方メートル未満の建物に係るものに限る。）において、転勤、療養、親族の介護その他のやむを得ない事情により、建物の賃借人が建物を自己の生活の本拠として使用することが困難となったときは、建物の賃借人は、建物の賃貸借の解約の申入れをすることができる。この場合においては、建物の賃貸借は、解約の申入れの日から一月を経過することによって終了する。

定期借家契約の期間満了前の通知

２年間の定期借家契約で賃貸住宅を貸していますが、終了通知を期間満了前の６か月前までに通知することを失念してしまいました。この場合、定期借家ではなく、普通借家契約になってしまうのでしょうか。

A 期間満了６か月前までに通知しないと、期間満了時に契約が終了することを借主に対抗できなくなります。ただし、期間満了の６か月前を過ぎてからであっても通知すれば、その通知から６か月後に契約終了となります。このため、普通借家契約になるわけではありません。

また、期間満了６か月前に終了通知を失念した場合であっても、借主が同意すれば、期間満了時に契約は終了することになります。

【参照条文】

借地借家法

（定期建物賃貸借）

第三十八条　（略）

4　第一項の規定による建物の賃貸借において、期間が一年以上である場合には、建物の賃貸人は、期間の満了の一年前から六月前までの間（以下この項において「通知期間」という。）に建物の賃借人に対し期間の満了により建物の賃貸借が終了する旨の通知をしなければ、その終了を建物の賃借人に対抗することができない。ただし、建物の賃貸人が通知期間の経過後建物の賃借人に対しその旨の通知をした場合においては、その通知の日から六月を経過した後は、この限りでない。

Q 明渡しの遅延

契約書の定めに従い、1か月前に退室の連絡をしたのですが、都合により退室が1か月遅れそうです。貸主からは予定通り明け渡すように言われていますが、明渡しを1か月遅らせることができますか。

A 　一度、解約の通知をすると、それを撤回することはできません。貸主が明渡し日の延期を承諾しない限り、予定通り明け渡さなければなりません。退室の申入れをした以上、退室予定日をもって契約は終了します。実際に明け渡しが完了するまでの間、遅延損害金を負担しなければならなくなりますので貸主としっかり話し合ってください。

原状回復 ①

賃貸住宅を退去したら、壁クロスの全面張替え費用を請求されました。部屋の一部に子供の落書きはありますが、その部分以外はキズ・汚れはありません。賃貸借契約書を確認したところ、「借主の故意過失による汚損破損は借主が修復費用を負担する」とありましたが、全面張替え費用まで負担する義務はあるのでしょうか。

A　　子供が落書きをしているということであれば、借主に故意又は過失がある場合に該当し、借主が壁クロスの修繕費用を負担しなければなりません。ただ、国土交通省の「原状回復をめぐるトラブルとガイドライン」では、借主に故意又は過失がある場合の壁クロスの張替えは、㎡単位または面単位（汚損破損がある一面）とされています。したがって、壁クロスの全面張替え費用を借主が負担しなければならないということにはされていません。また、前記ガイドラインでは、経過年数による減価割合に応じて借主の修繕費用の負担割合を決定するとされており、クロスについては6年経過で残存価値が1円と示しています。ただし、経過年数を超えたものであっても、継続して使用可能な場合もあることから、借主が修繕等の工事に伴う負担が必要となり得ることがあることを借主は留意する必要があります。なお、前記ガイドラインは目安なので、まずは貸主と協議してください。

Q 原状回復 ②
45

「壁クロスの張替え費用は、通常損耗であっても借主が負担する」と賃貸借契約書に特約があるため、その特約通りに張替え費用を請求されました。借主の故意過失による汚損破損はないのに費用負担する義務はあるのでしょうか。

A 　賃貸借契約に特約を設けることは契約自由の原則から認められるもので、通常損耗について一定の修繕等の義務を借主に負わせることは可能です。ただし、借主に特別の負担を課す場合、国土交通省の「原状回復をめぐるトラブルとガイドライン」では、①特約の必要性があり、かつ、暴利的でないなどの客観的、合理的理由が存在すること、②借主が特約によって通常の原状回復義務を超えた修繕等の義務を負うことについて認識していること、③借主が特約による義務負担の意思表示をしていること等が要件として挙げられています。

　したがって、壁クロスの通常損耗の場合の張替え費用は貸主が負担すべきであるところ、契約締結時に、当該契約では借主が負担する特約を設けていることを理解して合意したのかということや、張替えに必要なその金額を理解してその費用を負担する旨の合意をしたのかということ等が問題になります。

　また、消費者契約法では、「消費者の利益を一方的に害するもの」は無効とすると規定されています。具体的な事情にもよりますが、負担する金額によっては、信義則に反して消費者の利益を一方的に害する特約として当該特約が無効になることも考えられます。

【参照条文】

消費者契約法
（消費者の利益を一方的に害する条項の無効）
第十条　消費者の不作為をもって当該消費者が新たな消費者契約の申込み又はその承諾の意思表示をしたものとみなす条項その他の法令中の公の秩序に関しない規定の適用による場合に比して消費者の権利を制限し又は消費者の義務を加重する消費者契約の条項であって、民法第一条第二項に規定する基本原則に反して消費者の利益を一方的に害するものは、無効とする。

民法
（基本原則）

第一条　（略）
2　権利の行使及び義務の履行は、信義に従い誠実に行わなければならない。
3　（略）

Q 46 原状回復 ③

退去時の立会いを求められ、損傷などがあるということで確認サインをしました。その後原状回復費用の請求書が送られてきましたが、思っていた以上に高額で驚き、いろいろ調べたところ、ガイドラインによると、私が故意・過失などで損傷したものでない部分については費用負担をする必要がないことを知りましたが、一旦サインしてしまった以上、やはり負担しないといけないでしょうか。

A　確認された内容にもよりますが、単に損傷があることだけの確認であれば、原状回復工事費用について了承したものではないと考えられますので、「原状回復をめぐるトラブルとガイドライン」（特約があれば特約）に基づき、借主が負担すべきものか、調整することができると考えられます。一方的に送られてきた金額に不服があるのであれば、協議をしてください。

また、損傷があり、その分の原状回復費用を負担することを了承した場合は、基本的にはその確認内容に基づき、原状回復工事費用の負担額が決定されます。ただし、賃貸借契約書において原状回復に関する特約がない場合は、借主の故意・過失によるものでない損傷については、そもそも借主の負担する必要のないものであり、仮にその分も含め確認サインをしていたとしても、本来は負担する必要がないことを認識したうえでサインをしたのでなければ、故意過失によらない損傷についての原状回復費用を負担する必要はない旨を主張して協議をしてください。いずれにせよ、退去時の立会いによる確認は貸主、借主双方にとって、原状回復費用負担を決める上で重要なものですから、疑問がある場合は、質問するなど、十分慎重に行うことが必要です。なお、特約については必ずしも有効であるとは限りません。（「Q45　原状回復②」参照）

【参照条文】

民法

（賃借人の原状回復義務）

第六百二十一条　賃借人は、賃借物を受け取った後にこれに生じた損傷（通常の使用及び収益によって生じた賃借物の損耗並びに賃借物の経年変化を除く。以下この条において同じ。）がある場合において、賃貸借が終了したときは、その損傷を原状に復する義務を負う。ただし、その損傷が賃借人の責めに帰することができない事由によるものであるときは、この限りでない。

クリーニング特約

賃貸住宅を退去したら、ハウスクリーニング費用を請求されました。賃貸借契約書には、ハウスクリーニング費用についての記載はありませんが、費用負担する義務はあるのでしょうか。

A 賃借人が日常的な清掃を行っておらず、不適切な手入れしか行っていなくて汚損があり、通常損耗以上の状態となっている場合には、賃貸借契約書にハウスクリーニング費用を借主が負担する旨の特約がなくても、ハウスクリーニング費用は借主が負担しなければなりません。

他方、通常損耗・経年劣化程度の汚れであれば、借主は退去時に通常程度の清掃を行えば充分です。契約書にハウスクリーニング費用の負担が記載されていないのであれば、借主に負担義務はないと思われます。

原状回復費用の明細請求

物件を明け渡した後、賃貸人から原状回復費用の明細が送られてきませんが、明細を請求することはできますか。

A 賃貸人は賃借物の明け渡しまでに生じた未払賃料や損害賠償債務などを差し引いた敷金の残額については、明け渡し後に賃借人に返還しなくてはなりません。賃貸人が、敷金から原状回復費用を差し引く場合、その具体的根拠を明らかにする必要があります。したがって、賃借人は原状回復費用の内容・内訳の明細を請求し、説明を求めることができます。

49 賃借人の原状回復義務

賃借人の原状回復義務について「通常損耗及び経年変化を除く」とされ
ていますが、賃貸借契約では、同内容のものもあれば、「通常損耗及び経
年変化」も含んで原状回復義務を負うものとしたものもあります。どのよ
うに考えればよろしいのでしょうか。

A 賃貸借契約で賃借人の原状回復義務について「通常損耗及び経年
劣化を除く」という内容になっているものは、民法の原則通りの規
定を定めた契約であり、「通常損耗及び経年劣化」も含んで原状回復義務
を負うとしたものは、民法の原則を特約で変更した規定を定めた契約で
す。特約があれば、通常損耗及び経年変化を含む原状回復義務を賃借人に
負担させることは可能です。しかし、その特約が有効であると判断される
ためには、賃借人が修繕費用を負担することになる通常損耗及び経年変化
の範囲が具体的に契約書に明記されているなど、通常損耗及び経年変化を
含む原状回復義務を賃借人が負担する旨の特約が明確に合意されているこ
とが必要であるというのが最高裁の判例です。
　さらに消費者契約法第10条を勘案し、特約の内容が信義則に反して消費
者の利益を一方的に害するものにならないようにする必要があります。

【参照条文】

民法

（賃借人の原状回復義務）

第六百二十一条　賃借人は、賃借物を受け取った後にこれに生じた損傷（通常の使用及び
　収益によって生じた賃借物の損耗並びに賃借物の経年劣化を除く。以下この条において
　同じ。）がある場合において、賃貸借が終了したときは、その損傷を原状に復する義務
　を負う。ただし、その損傷が賃借人の責めに帰することができない事由によるものであ
　るときは、この限りでない。

消費者契約法

（消費者の利益を一方的に害する条項の無効）

第十条　消費者の不作為をもって当該消費者が新たな消費者契約の申し込み又はその承諾
　の意思表示をしたものとみなす条項その他の法令中の公の秩序に関しない規定の適用に
　よる場合に比して消費者の権利を制限し又は消費者の義務を加重する消費者契約の条項
　であって、民法第一条第二項に規定する基本原則に反して消費者の利益を一方的に害す
　るものは、無効とする。

Q 敷引特約

賃貸住宅の退去を考えていますが、賃貸借契約書を確認すると、貸主が契約終了時に敷金の一部を償却する旨の特約が記載されていました。この特約がある場合は、退去時に敷金は全額返してもらえないのでしょうか。

A　このような特約は一般的に敷引特約と言われています。この敷引特約につき、「消費者の利益を一方的に害するものは無効」と定める消費者契約法に違反するのではという疑問があり、この特約の有効性をめぐって訴訟が提起されたことがあります。事案は、マンションの1室の入居者が敷引特約で差し引かれた金銭の返還を求めたものです。

これについて最高裁は、2011年3月24日、当該事案についての敷引特約は無効とはいえないと判断しました。敷引特約は通常損耗の補修費用の額として通常想定される額、賃料の額、礼金等の一時金の授受の有無及びその額等に照らし、式引き金の額が高額に過ぎるのでなければ、貸主と入居者の間で合意がある場合は、その敷引特約は無効ではない、との判断です。逆に、敷引の額が高額すぎる場合には、特段の事情がない限り、消費者の利益を一方的に害することになり、無効となる可能性があるとも述べています。前記最高裁の判断では、賃料月額の3.5か月分の敷引特約の有効性を認めています。本件でも敷引金額が高額にすぎると言えないのであれば、退去時に敷金の全額を返してもらうことはできません。

【参照条文】

消費者契約法
（消費者の利益を一方的に害する条項の無効）
第十条　消費者の不作為をもって当該消費者が新たな消費者契約の申し込み又はその承諾の意思表示をしたものとみなす条項その他の法令中の公の秩序に関しない規定の適用による場合に比して消費者の権利を制限し又は消費者の義務を加重する消費者契約の条項であって、民法第一条第二項に規定する基本原則に反して消費者の利益を一方的に害するものは、無効とする。

51 Q 賃借人の善管注意義務

賃借人の善管注意義務とはどういう義務ですか。

A 　賃借人は、賃借物を善良な管理者としての注意を払って保存する義務を負っています（民法第400条）。建物の賃借の場合には、建物の賃借人として社会通念上要求される程度の注意を払って賃借物を使用しなければならず、日頃の通常の清掃や退去時の清掃を行うことに気をつける必要があります。

　賃借人が不注意等によって賃借物に対して通常に使用をした場合よりも大きな損耗・損傷等を生じさせた場合は、賃借人は善管注意義務に違反して損害を発生させたことになります。例えば、通常の掃除を怠ったことによって、特別の清掃をしなければ除去できないカビ等の汚損を生じさせた場合も、賃借人は善管注意義務に違反して損害を発生させたことになると考えられます。

　なお、物件や設備が壊れたりして修繕が必要となった場合は、賃貸人には、賃貸物の使用収益に必要な修繕をする義務（民法第606条第1項）があります。さらに、賃借人はそのような場合には、賃貸人に通知する必要があるとされており（民法第615条）、通知を怠って物件等に被害が生じた場合（例えば、水道からの水漏れを賃貸人に知らせなかったため、階下の部屋にまで水漏れが拡大したような場合）には、拡大した被害について損害賠償を求められる可能性もあるためそのことにも注意が必要です。

【参照条文】

民法
（特定物の引渡しの場合の注意義務）
第四百条　債権の目的が特定物の引渡しであるときは、債務者は、その引渡しをするまで、契約その他の債権の発生原因及び取引上の社会通念に照らして定まる善良な管理者の注意をもって、その物を保存しなければならない。

（賃貸人による修繕等）
第六百六条　賃貸人は、賃貸物の使用及び収益に必要な修繕をする義務を負う。ただし、賃借人の責めに帰すべき事由によってその修繕が必要となったときは、この限りでない。
2　（略）

（賃借人の通知義務）

第六百十五条 賃借物が修繕を要し、又は賃借物について権利を主張する者があるときは、賃借人は、遅滞なくその旨を賃貸人に通知しなければならない。ただし、賃貸人が既にこれを知っているときは、この限りでない。

Q52 付属物の収去

賃借人がエアコンなど付属物を付けた場合、退去時の付属物の扱いはどうなるのでしょうか。

A 　賃借人には付属物についての収去義務があると解されていますが、分離が不可能な場合や分離に過分な費用を要する場合には、賃貸人は賃借人に収去義務の履行を請求することができないとされています。

　収去義務の履行を請求することができない場合であっても、収去できないことについて賃借人に帰責事由があり、付属物によって目的物の客観的な価値が低減したときは、賃貸人は賃借人に対して、その損害の賠償を請求することができると考えられます。

　したがって、エアコンなどを賃借人が取り付けた場合は、退去時に賃借人が取り外して持っていくことが原則となります。残置させる場合には、賃貸人と協議して合意する必要があります。

【参照条文】

民法

（借主による収去等）

第五百九十九条　借主は、借用物を受け取った後にこれに附属させた物がある場合において、使用貸借が終了したときは、その附属させた物を収去する義務を負う。ただし、借用物から分離することができない物又は分離するのに過分の費用を要する物については、この限りではない。

2　借主は、借用物を受け取った後にこれに附属させた物を収去することができる。

3　（略）

（使用貸借の規定の準用）

第六百二十二条　第五百九十七条第一項、第五百九十九条第一項及び第二項並びに第六百条の規定は、賃貸借について準用する。

Q 53 家賃の日割計算方法

　賃貸借契約書に、「解約予告」として、「乙（借主）が本契約を解約する場合は、甲（貸主）に対しその１か月前までに申入れをしなければならない。ただし、解約申入れの日から１か月分相当の金員の支払いをもって即日解約することができる。１か月に満たない期間の賃料は、１か月を30日として日割計算とした額とする。」とする約定があります。借主は直ちに退去しますが、この場合の日割り賃料の額はどうなりますか。

A　借主は、解約の申入れを行った日の翌日から起算して（初日不参入：民法第140条）１か月分に相当する賃料を支払って解約することになります。

　例えば、２月10日に解約の申入れをした場合は、契約上、２月11日から起算して翌月の応当日（３月11日）の前日である３月10日に解約の期間が満了することになります。（民法第143条）。

　したがって、借主は、２月分の賃料のほかに、３月10日までの賃料（１か月分の賃料÷30×10）を支払って退去することになります（仮に、契約上「１か月を30日として」とする旨の約定がない場合には、３月は31日あるので、日割りの賃料は、「１か月分賃料÷31×10」となります。

【参照条文】

民法
（期間の起算）
第百四十条　日、週、月又は年によって期間を定めたときは、期間の初日は、算入しない。ただし、その期間が午前零時から始まるときは、この限りではない。

（暦による期間の計算）
第百四十三条　週、月又は年によって期間を定めたときは、その期間は、暦に従って計算する。
２　週、月又は年の始めから期間を起算しないときは、その期間は、最後の週、月又は年においてその起算日に応当する日の前日に満了する。ただし、月又は年によって期間を定めた場合において、最後の月に応当する日がないときは、その月の末日に満了する。

貸主あるいは所有者としての責任

自然災害で賃貸建物が損壊し、借主や周囲の人々に損害が発生した場合、貸主あるいは所有者としての責任を問われることはありますか。

> **A** 貸主として、借主に対して通常の管理を怠っていたことが原因で建物が損壊したのであれば建物を維持管理すべき善管注意義務違反を問われる可能性があると考えられます。
>
> また、賃貸建物の設置又は保存に瑕疵があることによって損害が生じた場合にも、借主や周囲の人々に対して所有者としての責任（無過失責任）を問われる可能性があると考えられます。

【参照条文】

民法

（土地の工作物等の占有者及び所有者の責任）

第七百十七条　土地の工作物の設置又は保存に瑕疵があることによって他人に損害を生じたときは、その工作物の占有者は、被害者に対してその損害を賠償する責任を負う。ただし、占有者が損害の発生を防止するのに必要な注意をしたときは、所有者がその損害を賠償しなければならない。

2　前項の規定は、竹木の栽植又は支持に瑕疵がある場合について準用する。

3　前二項の場合において、損害の原因について他にその責任を負う者があるときは、占有者又は所有者は、その者に対して求償権を行使することができる。

賃貸物件の損壊

賃貸建物が自然災害で損傷し使用不能になった場合、賃貸借契約はどうなりますか。

A 　一般的には、貸主借主双方に原因のない自然災害により、賃貸借契約の目的物の全部を使用収益することができなくなった場合には、賃貸借契約の目的が達せられないことに至ったことから、賃貸借契約は終了すると考えられます。

【参照条文】

民法

（賃借物の全部滅失等による賃貸借の終了）

第六百十六条の二　賃借物の全部が滅失その他の事由により使用及び収益をすることができなくなった場合には、賃貸借は、これによって終了する。

Q 貸室の一時使用不能

自然災害による賃貸建物損傷の復旧工事で、賃貸建物が一時使用不能となった場合、賃料はどうなりますか。

A 賃借人の責めに帰することができない事由によって建物を使用することができなくなった場合には、賃料は使用することができなくなった部分の割合に応じて減額されます。したがって、賃貸建物が一時使用不能となった期間に応じ、賃料の請求権は発生しないと考えられます。

【参照条文】

民法

（賃借物の一部滅失等による賃料の減額等）

第六百十一条　賃借物の一部が滅失その他の事由により使用及び収益をすることができなくなった場合において、それが賃借人の責めに帰することができない事由によるものであるときは、賃料は、その使用及び収益をすることができなくなった部分の割合に応じて、減額される。

2　（略）

Q57 賃貸建物の災害対策

賃貸建物に関し、貸主の立場から災害対策として、例えばどのような点に留意したらよろしいでしょうか。

A　　緊急時の避難行動の障害となるおそれがあることから、共用部には荷物を放置しないことは重要です。

近隣の避難所や緊急連絡先の案内表示を、わかり易い場所に掲出しておくこともよいでしょう。

共用部に防災備品を常備しておくことや、台風等災害発生が予想される前には、特別巡回し点検を励行することも望ましいでしょう。

また、保険料との兼ね合いがありますが、必要な損害保険の付保も検討することが必要と考えられます。

Q58 賃料支払困難

賃貸借契約において、新型コロナウイルス感染症の影響で、借主において賃料支払ができなくなった場合、直ちに退去しなければならないのでしょうか。

A 　　賃貸借契約である以上、貸主は建物を貸す義務があり、借主は賃料を支払う義務があります。

　賃料支払は借主の最も重要な義務ですが、貸主借主間の信頼関係が破壊されていない場合には、判例は、賃料の未払いだけを理由に貸主が賃貸借契約を解除することはできないとしており、借主は直ちに退去しなければならないわけではありません。これは、新型コロナウイルス感染症の影響による場合も同じと考えられます。

　信頼関係が破壊されているかどうかは、賃料の支払期間や金額、不払に至った経緯、支払後の交渉状況など個別具体的な事情を総合的に考慮して判断され、新型コロナウイルス感染症の影響という特殊な要因に基づく事情は、信頼関係が破壊されていないという方向に作用すると考えられます。

　ただし、借主は不払を放置しておいてよいというものではありませんので、かかる事情を踏まえた、貸主借主間の協議が重要となるでしょう。

　最終的には事案ごとの判断となると考えられますが、新型コロナウイルス感染症の影響により3ヶ月程度の賃料不払が生じても、不払の前後の状況等を踏まえ、信頼関係は破壊されず、契約解除（立ち退き請求）が認められないケースも多いと考えられます。

参照資料：法務省「新型コロナウイルス感染症の影響を受けた賃貸借契約の当事者の皆様へ～賃貸借契約についての基本的なルール～」

貸主・借主間協議

　賃貸借契約において、新型コロナウイルス感染症の影響で、借主として今後賃料の支払ができなくなることが想定されます。賃料の減額や支払い猶予等について、貸主と交渉することはできますか。

A　　　一般に、賃貸借契約においては、不測の事態が生じた場合には当事者間で誠実に協議する旨の条項が定められています。このため、賃貸借契約に定められた協議条項に基づき、借主は、貸主と賃料の減額や支払い猶予等について、貸主に協議を申し入れることが考えられます。

　賃貸借契約の解除につながる信頼関係の破壊を招かないためにも、当事者間で誠実に協議することが重要です。

　なお、賃貸借契約に上記のような条項がない場合であっても、貸主が任意の協議に応じることもありますから、貸主に協議を申し入れてみてください。

参照資料：法務省「新型コロナウイルス感染症の影響を受けた賃貸借契約の当事者の皆様
　　　　　へ～賃貸借契約についての基本的なルール～」

60 Q 店舗営業休止

店舗の賃貸借物件に関し、借主が新型コロナウイルス感染症の影響により営業を休止することになった場合、賃料は減額されるのでしょうか。

A 　賃料は、賃貸物件を使用・収益する対価ですので、賃主が借主に使用・収益させていない場合には、借主はその割合に応じて賃料支払義務を負わないことになります。

例えば、貸主借主間であらかじめの合意がなく、貸主側で賃貸借物件を閉鎖し、その結果借主が立ち入れず、全く使用できないとすれば、貸主の義務の履行がないものとして、借主は賃料支払義務を負わないことになると考えられます。

他方、貸主は賃貸借物件の使用を許容しているのもかかわらず、借主が営業を休止している場合には、賃貸借物件を使用収益させる貸主の義務は果たされており、原則として、借主の賃料支払義務は免れないものと考えられます。

もっとも、貸主借主間で、このような場合に関し、あらかじめ合意している場合には、それによることとなります。

参照資料：法務省「新型コロナウイルス感染症の影響を受けた賃貸借契約の当事者の皆様へ〜賃貸借契約についての基本的なルール〜」

61 Q 事業継続困難

新型コロナウイルス感染症の影響で、賃借物件における借主の事業継続が困難となった場合、借主からの申し出によって賃貸借契約を終了する場合は、どのような扱いとなりますか。

A 　基本的には、賃貸借契約に基づく契約期間中の解約となり、契約で定められた要件に従い、申し入れ後契約で定められた期間経過後に、契約は終了することとなります。

Q62 貸主の修繕義務

賃貸借契約において、新型コロナウイルス感染症の影響で、資材や設備の調達が困難となって、貸主が行うべき修繕が遅れる場合、貸主に債務不履行責任が生じますか。

A 新型コロナウイルス感染症の影響で、生産現場やサプライチェーンに影響が生じ資材や設備等の調達が困難となっているケースのように、外在的な理由によって修繕義務の履行が遅れる場合には、貸主に過失はなく、債務不履行責任は生じないと考えられます。紛争を予防するために、借主に事情を説明するようにしてください。

【参照条文】

民法

（債務不履行による損害賠償）

第四百十五条　債務者がその債務の本旨に従った履行をしないとき又は債務の履行が不能であるときは、債権者は、これによって生じた損害の賠償を請求することができる。ただし、その債務の不履行が契約その他の債務の発生原因及び取引上の社会通念に照らして債務者の責めに帰することができない事由によるものであるときは、この限りでない。

2　前項の規定により損害賠償の請求をすることができる場合において、債権者は、次に掲げるときは、債務の履行に代わる損害賠償の請求をすることができる。

一　債務の履行が不能であるとき。

二　債務者がその債務の履行を拒絶する意思を明確に表示したとき。

三　債務が契約によって生じたものである場合において、その契約が解除され、又は債務の不履行による契約の解除権が発生したとき。

（賃貸人による修繕等）

第六百六条　賃貸人は、賃貸物の使用及び収益に必要な修繕をする義務を負う。ただし、賃借人の責めに帰すべき事由によってその修繕が必要となったときは、この限りでない。

2　賃貸人が賃貸物の保存に必要な行為をしようとするときは、賃借人は、これを拒むことができない。

第3章

建物状況調査

建物状況調査の概要

宅地建物取引業法が定める建物状況調査とは何ですか。また、建物状況調査を実施することでどのようなメリットがありますか。

A 　　宅地建物取引業法が定める建物状況調査とは、既存住宅の基礎、外壁等の部位毎に生じているひび割れ、雨漏り等の劣化・不具合の有無を目視、計測等により調査するものです。建物状況調査は国の登録を受けた既存住宅状況調査技術者講習を修了した建築士（既存住宅状況調査技術者）が実施します。

　建物状況調査を行うことで、調査時点における住宅の状況を把握した上で、売買等の取引を行うことができ、取引後のトラブルの発生を抑制することができます。また、既存住宅購入後に建物状況調査の結果を参考にリフォームやメンテナンス等を行うことができます。

　さらに、住宅瑕疵担保責任保険法人の登録を受けた検査事業者の検査人が建物状況調査を実施し、建物状況調査の結果、劣化・不具合等が無いなど一定の条件を満たす場合には、既存住宅売買瑕疵保険に加入することができます。なお、既存住宅売買瑕疵保険に加入するための検査の有効期限は1年となっています。

参照資料：国土交通省「改正宅地建物取引業法に関するQ＆A〜「宅地建物取引業法」改正に伴う新たな制度に関して〜」

Q2 建物状況調査の期間・費用

建物状況調査は、どれくらいの時間及や費用がかかりますか。基準となる費用が設定されていますか。

A 　住宅の規模等にもよりますが、３時間程度が見込まれます。建物状況調査に要する時間については、各調査実施者にお問い合わせください。

　建物状況調査の費用についての基準の設定はなく、各調査実施者により費用は異なります。建物状況調査に要する費用については、各調査実施者にお問い合わせください。

参照資料：国土交通省「改正宅地建物取引業法に関するＱ＆Ａ〜「宅地建物取引業法」改正に伴う新たな制度に関して〜」

Q3 実施方法

購入を検討している既存住宅について、建物状況調査を実施したい場合には、どのようにすればよいのですか。

A 購入を希望している既存住宅について建物状況調査を実施したい場合には、宅建業者にあっせんの依頼をする旨をお伝え下さい。

複数の物件について建物状況調査を実施することを要望する場合には、それぞれの物件について、建物状況調査を実施する旨のあっせんを依頼することもできます。

なお、建物状況調査を実施する場合には、あらかじめ売主の承諾を得る必要がありますから、あっせんを依頼する宅建業者に売主の承諾を確認してもらってください。

参照資料：国土交通省「改正宅地建物取引業法に関するＱ＆Ａ～「宅地建物取引業法」改正に伴う新たな制度に関して～」

【参照条文】

宅地建物取引業法

（媒介契約）

第三十四条の二 宅地建物取引業者は、宅地又は建物の売買又は交換の媒介の契約（以下この条において「媒介契約」という。）を締結したときは、遅滞なく、次に掲げる事項を記載した書面を作成して記名押印し、依頼者にこれを交付しなければならない。

一～三 （略）

四 当該建物が既存の建物であるときは、依頼者に対する建物状況調査（建物の構造耐力上主要な部分又は雨水の浸入を防止する部分として国土交通省令で定めるもの（第三十七条第一項第二号の二において「建物の構造耐力上主要な部分等」という。）の状況の調査であつて、経年変化その他の建物に生じる事象に関する知識及び能力を有する者として国土交通省令で定める者が実施するものをいう。第三十五条第一項第六号の二イにおいて同じ。）を実施する者のあつせんに関する事項

五～八 （略）

2～10 （略）

（重要事項の説明等）

第三十五条 宅地建物取引業者は、宅地若しくは建物の売買、交換若しくは貸借の相手方若しくは代理を依頼した者又は宅地建物取引業者が行う媒介に係る売買、交換若しくは貸借の各当事者（以下「宅地建物取引業者の相手方等」という。）に対して、その者が

取得し、又は借りようとしている宅地又は建物に関し、その売買、交換又は貸借の契約が成立するまでの間に、宅地建物取引士をして、少なくとも次に掲げる事項について、これらの事項を記載した書面（第五号において図面を必要とするときは、図面）を交付して説明をさせなければならない。

一～六　（略）

六の二　当該建物が既存の建物であるときは、次に掲げる事項

　　イ　建物状況調査（実施後国土交通省令で定める期間を経過していないものに限る。）を実施しているかどうか、及びこれを実施している場合におけるその結果の概要

　　ロ　設計図書、点検記録その他の建物の建築及び維持保全の状況に関する書類で国土交通省令で定めるものの保存の状況

七～十四　（略）

２～７　（略）

発注者・費用負担者

建物状況調査は、誰が発注・依頼し費用を負担することになるのですか。

A 建物状況調査は、当該調査を希望する者が発注し、発注した者が費用を負担することになります。

したがって、売主が建物状況調査を希望するのであれば売主が発注して費用を負担し、購入希望者が建物状況調査を希望するのであれば、購入希望者が発注して費用を負担します。

なお、売主以外の者が依頼する場合、対象物件への立ち入り等が必要となるため、売主の承諾が必要となります。

参照資料：国土交通省「改正宅地建物取引業法に関するＱ＆Ａ～「宅地建物取引業法」改正に伴う新たな制度に関して～」

⑤ 有効期限

重要事項説明の対象となる建物状況調査について、有効期限はあります
か。

A 　建物状況調査結果は、あくまで調査時点での状況です。時間の経
　　　過とともに、いわゆる経年劣化や反対にバリューアップにより建物
の状況と当該調査結果との間には、乖離が生じることが考えられます。
　そのような点を踏まえ、重要事項説明においては、過去1年以内に実施
されている建物状況調査について劣化事象等の有無を説明することとされ
ています。

参照資料：国土交通省「改正宅地建物取引業法に関するQ&A～「宅地建物取引業法」改
　　　　正に伴う新たな制度に関して～」

【参照条文】

宅地建物取引業法
（業務に関する禁止事項）
第四十七条　宅地建物取引業者は、その業務に関して、宅地建物取引業者の相手方等に対
　し、次に掲げる行為をしてはならない。
　一　宅地若しくは建物の売買、交換若しくは貸借の契約の締結について勧誘をするに際
　　し、又はその契約の申込みの撤回若しくは解除若しくは宅地建物取引業に関する取引
　　により生じた債権の行使を妨げるため、次のいずれかに該当する事項について、故意
　　に事実を告げず、又は不実のことを告げる行為
　　イ　第三十五条第一項各号又は第二項各号に掲げる事項
　　ロ　第三十五条の二各号に掲げる事項
　　ハ　第三十七条第一項各号又は第二項各号（第一号を除く。）に掲げる事項
　　ニ　イからハまでに掲げるもののほか、宅地若しくは建物の所在、規模、形質、現在
　　　若しくは将来の利用の制限、環境、交通等の利便、代金、借賃等の対価の額若しく
　　　は支払方法その他の取引条件又は当該宅地建物取引業者若しくは取引の関係者の資
　　　力若しくは信用に関する事項であつて、宅地建物取引業者の相手方等の判断に重要
　　　な影響を及ぼすこととなるもの
　二　不当に高額の報酬を要求する行為
　三　手付について貸付けその他信用の供与をすることにより契約の締結を誘引する行為

宅地建物取引業法の解釈・運用の考え方
第三十五条第　項第六号の二関係

1　重要事項説明の対象となる建物状況調査について

　　建物状況調査が過去一年以内に実施されている場合には、建物状況調査を実施した者が作成した「建物状況調査の結果の概要（重要事項説明用）」（別添４）に基づき、劣化事象等の有無を説明することとする。説明を行うに当たっては、当該建物状況調査を施した者が既存住宅状況調査技術者であることを既存住宅状況調査技術者講習実施機関のホームページ等において確認した上で行うよう留意すること。

　　本説明義務については、売主等に建物状況調査の実施の有無を照会し、必要に応じて管理組合及び管理業者にも問い合わせた上、実施の有無が判明しない場合は、その照会をもって調査義務を果たしたことになる。

　　実施後一年を経過していない建物状況調査が複数ある場合は、直近に実施された建物状況調査を重要事項説明の対象とする。ただし、直近に実施されたもの以外の建物状況調査により劣化事象等が確認されている場合には、消費者の利益等を考慮し、当該建物状況調査についても買主等に説明することが適当である。なお、取引の判断に重要な影響を及ぼすと考えられる建物状況調査を直近のもの以外に別途認識しているにもかかわらず、当該建物状況調査について説明しない場合には、法第四十七条違反になりうる。

　　また、建物状況調査を実施してから一年を経過する前に大規模な自然災害が発生した場合等、重要事項の説明時の建物の現況が建物状況調査を実施した時と異なる可能性がある場合であっても、自然災害等による建物への影響の有無及びその程度について具体的に判断することは困難であることや、自然災害等が発生する以前の建物状況調査において劣化事象等が確認されていた場合等においてはその調査結果が取引に係る判断の参考になることを踏まえ、当該建物状況調査についても重要事項として説明することが適当である。

2　（略）

Q 対象物件 ①

建物状況調査の対象となる建物はどのようなものですか。賃貸物件（マンション・アパート等の共同住宅）や店舗、オフィスビルも対象となりますか。

A　建物状況調査の対象となるのは既存の住宅です。既存の住宅とは、①人の住居の用に供した住宅、又は②建設工事の完了の日から１年を経過した住宅、のいずれかに該当するものになります。したがって、戸建て住宅、共同住宅（マンションやアパート等）共に対象となります。また、賃貸住宅も対象となります。店舗やオフィスだけのビルは建物状況調査の対象ではありません。

参照資料：国土交通省「改正宅地建物取引業法に関するQ＆A～「宅地建物取引業法」改正に伴う新たな制度に関して～」

Q7 対象物件 ②

店舗併用住宅の場合、建物状況調査の対象となるのは住宅部分だけですか。

　店舗併用住宅の場合、住宅部分（店舗部分との共用部分を含む）が建物状況調査の対象となります。

参照資料：国土交通省「改正宅地建物取引業法に関するＱ＆Ａ〜「宅地建物取引業法」改正に伴う新たな制度に関して〜」

調査対象部位

建物状況調査の調査対象部位はどこですか。建物状況調査を行う会社によって、調査対象部位は異なりますか。

A　　『建物の構造耐力上主要な部分及び雨水の浸入を防止する部分が調査対象部位です。

具体的な調査箇所は工法により異なりますが、構造耐力上主要な部分に関しては「基礎、土台及び床組、床、柱及び梁、外壁及び軒裏、バルコニー、内壁、天井、小屋組」、雨水の浸入を防止する部分に関しては「外壁、内壁、天井、屋根」が一般的です。

オプション調査を依頼する場合を除き、建物状況調査を実施する者によって調査対象部位が異なることはありません。』

『　』は、国土交通省「改正宅地建物取引業法に関するＱ＆Ａ～「宅地建物取引業法」改正に伴う新たな制度に関して～」より引用。

目視できない箇所の調査

小屋裏の点検口や床下点検口が無い場合や、移動困難な家具によって目視できない箇所がある場合であっても、建物状況調査はできますか。

A 　目視できない箇所がある場合でも、建物状況調査は実施できます。ただし、点検口がない、あるいは、移動困難な家具があることにより個別に調査できなかった箇所については「調査の結果の概要」及び「報告書」に「調査できなかった」と記載されます。

参照資料：国土交通省「改正宅地建物取引業法に関するＱ＆Ａ〜「宅地建物取引業法」改正に伴う新たな制度に関して〜」

Q 調査対象

建物状況調査には、敷地内の地中も対象となりますか。

A　　建物状況調査は、原則として目視・非破壊検査によって行われますので、地中は対象外となります。したがって、例えば、建物の構造耐力上主要な部位である基礎の調査について敷地内の地中の調査は対象外となります。

参照資料：国土交通省「改正宅地建物取引業法に関するＱ＆Ａ～「宅地建物取引業法」改正に伴う新たな制度に関して～」

Q11 建物状況調査のあっせん

　建物の売買又は交換の媒介契約では、媒介の対象となる建物が既存の建物であるときは、依頼者に対する建物状況調査を実施する者のあっせんに関する事項を定めなければならないとされています（宅地建物取引業法第34条の2第1項4号）。ここでの「建物状況調査を実施する者のあっせん」とは何ですか。

A　「建物状況調査を実施する者のあっせん」とは、売主又は購入希望者などと建物状況調査を実施する者との間で建物状況調査の実施に向けた具体的なやりとり（例えば、建物状況調査を実施する者が作成した建物状況調査費用の見積もりを媒介依頼者に伝達すること等）が行われるように手配することです。
　建物状況調査を実施する者に関する情報を単に提供することは「あっせん」ではありません。

参照資料：国土交通省「改正宅地建物取引業法に関するQ＆A～「宅地建物取引業法」改正に伴う新たな制度に関して～」

Q12 個人・法人のあっせん

　宅建業者が建物状況調査を実施する者をあっせんする場合には、個人を
あっせんするのでしょうか。
　法人をあっせんしてもよいのでしょうか。

A　宅建業者が建物状況調査を実施するものをあっせんする場合、建
物状況調査を実施する者個人のあっせん、実施する者が所属する法
人のあっせんのどちらでも構いません。

　ただし、個人、法人いずれをあっせんする場合でも、建物状況調査を実
施する者は建築士であることから、報酬を得て建物状況調査を行うには、
建築士法に基づく建築士事務所登録を受けていなければなりません。その
ため、あっせんするのは、当該登録を受けている建築士事務所に所属する
建築士又は当該登録を受けている建築士事務所である必要があります。

参照資料：国土交通省「改正宅地建物取引業法に関するＱ＆Ａ～「宅地建物取引業法」改
　　　　　正に伴う新たな制度に関して～」

あっせん業務

宅建業者には、建物状況調査を実施する者をあっせんする義務はありますか。

A 　宅建業者は媒介契約書に「建物状況調査を実施する者のあっせんの有無」について記載する必要があるため、売主又は購入希望者などに対して、建物状況調査の制度概要等について紹介しなければなりません。その上で、「建物状況調査を実施する者のあっせんの有無」について、あっせんをするか否かを明記します。「建物状況調査を実施する者のあっせんの有無」について「有」としていて、売主又は購入希望者等の要望があり、あっせんが可能な場合には、具体的に手配を行うこととなります。

　他方、「建物状況調査を実施する者のあっせんの有無」について「無」としている場合には、あっせんする必要はありません。

参照資料：国土交通省「改正宅地建物取引業法に関するＱ＆Ａ～「宅地建物取引業法」改正に伴う新たな制度に関して～」

Q14 媒介業者による調査実施

　宅建業者は、自らが媒介を行う既存住宅について、建物状況調査を実施してもよいのですか。また、建物状況調査を実施する者として、関連会社（グループ会社）をあっせんしてもよいのですか。

A　建物状況調査の結果に関する客観性を確保する観点から、売主及び購入希望者の同意がある場合を除き、自らが媒介を行う既存住宅について、宅建業者が建物状況調査の実施主体となるのは適当ではない、というのが国土交通省の考え方です。

　宅建業者が自ら建物状況調査の実施主体になるのではなく、例えば、取引に直接の利害関係を有しない関連会社（グループ会社）を、建物状況調査を実施する者としてあっせんする場合、建物状況調査を実施する者が関連会社（グループ会社）であることについての売主及び購入希望者の同意は不要であり、あっせんしても差し支えありません。

参照資料：国土交通省「改正宅地建物取引業法に関するＱ＆Ａ〜「宅地建物取引業法」改正に伴う新たな制度に関して〜」

Q あっせん後の責任

建物状況調査を実施する者をあっせんした場合、宅建業者にはどのような責任が生じますか。

A 　建物状況調査は、既存住宅状況調査技術者が専門家として実施するものです。したがって、宅建業者は、自身があっせんした調査実施者が行った建物状況調査の結果についての責任は生じないのが原則です。

　ただし、既存住宅状況調査技術者の資格を取り消されていることを知りながらその者をあっせんし、その者による調査結果によって売主又は買主に損害が及んだ場合等あっせんをした宅建業者に信義誠実義務違反が認められるような場合には、宅地建物取引業法の監督処分を受ける可能性があります。

参照資料：国土交通省「改正宅地建物取引業法に関するＱ＆Ａ〜「宅地建物取引業法」改正に伴う新たな制度に関して〜」

Q16 既実施物件の扱い

　売主により建物状況調査が既に実施されていますが、宅建業者は購入希望者に、別途建物状況調査を実施する者のあっせんの有無を確認する必要はあるでしょうか。

A　売主によって既に建物状況調査がなされている場合でも、宅建業者は購入希望者に対して建物状況調査の制度概要を説明し、あっせんを要望するか否かを確認する必要があります。

参照資料：国土交通省「改正宅地建物取引業法に関するＱ＆Ａ〜「宅地建物取引業法」改正に伴う新たな制度に関して〜」

建物状況調査に係る書類の扱い

　購入希望者が、売主（所有者）の承諾を得て建物状況調査を実施したところ、建物に不具合が発見されたため購入を見送った場合、「建物状況調査の結果の概要」及び「報告書」は購入希望者の手元に残ることになるのでしょうか。

A　調査の依頼者が購入希望者であり、調査費用も購入希望者が支払ったのであれば、「建物状況調査の結果の概要」及び「報告書」は購入希望者に渡されることになります。

　もっとも、購入希望者が当該物件を購入しない場合には、他人（売主）の所有物についての「建物状況調査の結果の概要」及び「報告書」が、購入希望者の手元に残ることになってしまいます。したがって、調査後の情報の取扱いについては、事前に売主と購入希望者で相談しておいて下さい。

参照資料：国土交通省「改正宅地建物取引業法に関するＱ＆Ａ～「宅地建物取引業法」改正に伴う新たな制度に関して～」

Q 18 あっせんと建物状況調査の実施

宅建業者から建物状況調査を実施する者のあっせんを受けました。必ず建物状況調査を実施しなければいけないのですか。

A あっせんを受けた場合であっても、調査費用（見積もり金額）・調査内容等について建物状況調査を実施する者から詳しい説明を受けた上で、建物状況調査を実施するかどうかを決めることができます。

参照資料：国土交通省「改正宅地建物取引業法に関するＱ＆Ａ〜「宅地建物取引業法」改正に伴う新たな制度に関して〜」

Q19 あっせんに係る報酬

宅建業者から建物状況調査を実施する者のあっせんを受けた場合、媒介報酬とは別にあっせん料を支払う必要はありますか。

A 　建物状況調査を実施する者のあっせんは、宅建業者が媒介業務の一環として行うものです。したがって、媒介報酬と別にあっせん料を支払う必要はありません。

参照資料：国土交通省「改正宅地建物取引業法に関するＱ＆Ａ～「宅地建物取引業法」改正に伴う新たな制度に関して～」

【参照条文】

宅地建物取引業法の解釈・運用の考え方
第三十四条の二関係

1～3　（略）

4　建物状況調査を実施する者のあっせんについて

　宅地建物取引業者は、媒介契約を締結するときは、媒介契約書に「建物状況調査を実施する者のあっせんの有無」について記載することとする。また、依頼者が建物状況調査について認識した上で既存住宅の取引を行えるよう、宅地建物取引業者は依頼者に対して、建物状況調査に関して説明を行うことが望ましい。

　建物状況調査を実施する者のあっせんを行う場合には、あっせん先が既存住宅状況調査技術者講習登録規程（平成二十九年国土交通省告示第八十一号）第二条第五項の既存住宅状況調査技術者であることを同規程第五条第一項第二号の既存住宅状況調査技術者講習実施機関のホームページ等において確認した上で行うよう留意すること。また、建物状況調査を実施する者に関する単なる情報提供ではなく、依頼者と建物状況調査を実施する者の間で建物状況調査の実施に向けた具体的なやりとりが行われるように手配することとする。その際、建物状況調査を実施する者は建築士であることから、報酬を得て建物状況調査を行うには、建築士法第二十三条第一項の規定に基づく建築士事務所登録を受けている必要があることに留意すること。

　なお、建物状況調査の結果に関する客観性を確保する観点から、売却希望の依頼者及び購入希望の依頼者（交換希望の依頼者を含む。）の同意がある場合を除き、宅地建物取引業者は、自らが取引の媒介を行う場合にあっては、建物状況調査の実施主体となることは適当でない。

　また、宅地建物取引業者は、購入希望の依頼者（交換により既存住宅を取得しようとする依頼者を含む。）が建物状況調査を実施する場合には、あらかじめ物件所有者の同意が必要であることに留意すること。

　建物状況調査を実施する者のあっせんは、媒介業務の一環であるため、宅地建物取引

　引業者は、依頼者に対し建物状況調査を実施する者をあっせんした場合において、報酬とは別にあっせんに係る料金を受領することはできない。

5〜8　（略）

あっせんを受けることができない場合

　宅建業者による建物状況調査を実施する者のあっせんを受けることができない場合でも、売主又は購入希望者が建物状況調査を実施できる者に自ら頼むことは可能ですか。

A　『売主又は購入希望者などが自ら、建物状況調査を実施する者に調査を依頼することは可能です。ただし、購入希望者が建物状況調査を依頼する場合には、宅地建物取引業者を通じて、売主に建物状況調査の実施についてあらかじめ承諾を得る必要があります。

　なお、宅地建物取引業者は建物状況調査の結果の概要について重要事項説明を行う義務があるため、売主又は購入希望者は建物状況調査の結果の概要について、宅地建物取引業者に情報提供する必要があります。』

　『　』は、国土交通省「改正宅地建物取引業法に関するＱ＆Ａ～「宅地建物取引業法」改正に伴う新たな制度に関して～」より引用。

Q21 建物状況調査の結果の概要

重要事項説明の対象となる「建物状況調査の結果の概要」とはどのようなものですか。建物状況調査の結果について、どのような内容が重要事項として説明されるのですか。

A　　重要事項説明の対象となる「建物状況調査の結果の概要」とは、建物状況調査を実施した建築士（既存住宅状況調査技術者）により作成される、調査対象部位ごとの劣化事象等の有無などが記載された書面です。

　「建物状況調査の結果の概要」に記載されている調査対象部位ごとの劣化事象等の有無などについて重要事項として、宅地建物取引士から説明されます。

参照資料：国土交通省「改正宅地建物取引業法に関するQ＆A～「宅地建物取引業法」改正に伴う新たな制度に関して～」

建物状況調査に係る書類の手交

既存住宅の売買の場合、建物状況調査の依頼者は、「建物状況調査の結果の概要」や「報告書」を相手方にも渡す必要はありますか。

A　「建物状況調査の結果の概要」は、重要事項として宅地建物取引士から購入を希望している者等に対して説明されるだけで、報告書については、建物状況調査の依頼者から相手方に対して渡すことが法律上義務付けられている書類ではありません。しかし、買主がリフォームやメンテナンス等をする際に「報告書」が参考となるため、建物状況調査の依頼者が売主の場合には、これらの書類を買主に渡すことが望ましいとされています。

　また、建物状況調査の依頼者が購入希望者等の場合には、売買契約の締結に至らなかったときに売主に「建物状況調査の結果の概要」及び「報告書」を渡すかは、あらかじめ売主と購入希望者等の間で相談しておいて下さい（Q17参照）。

参照資料：国土交通省「改正宅地建物取引業法に関するＱ＆Ａ～「宅地建物取引業法」改正に伴う新たな制度に関して～」

Q23 複数の建物状況調査

建物状況調査を実施してから１年を経過していない建物状況調査が複数ある場合、どのように扱えばよろしいでしょうか。仮に複数ある建物状況調査の結果が異なっている場合、どちらの調査結果が優先されますか。

A 調査を実施してから１年を経過していない建物状況調査が複数ある場合には、直近の建物状況調査が取引物件の現況との乖離が最も小さいと考えられるので、直近の建物状況調査を重要事項説明の対象とします。

なお、１年以内の直近の建物状況調査以外に劣化現象等が確認されている建物状況調査の結果がある場合など、取引の判断に重要な影響を及ぼすと考えられる建物状況調査を別途認識している場合には、消費者の利益等を考慮し、宅地建物取引業第47条に違反することのないよう、当該建物状況調査についても購入又は賃借の希望者に説明する必要があります。

参照資料：国土交通省「改正宅地建物取引業法に関するＱ＆Ａ～「宅地建物取引業法」改正に伴う新たな制度に関して～」

【参照条文】

宅地建物取引業法
（業務に関する禁止事項）
第四十七条　宅地建物取引業者は、その業務に関して、宅地建物取引業者の相手方等に対し、次に掲げる行為をしてはならない。
一　宅地若しくは建物の売買、交換若しくは貸借の契約の締結について勧誘をするに際し、又はその契約の申込みの撤回若しくは解除若しくは宅地建物取引業に関する取引により生じた債権の行使を妨げるため、次のいずれかに該当する事項について、故意に事実を告げず、又は不実のことを告げる行為
　イ　第三十五条第一項各号又は第二項各号に掲げる事項
　ロ・ハ　（略）
　ニ　イからハまでに掲げるもののほか、宅地若しくは建物の所在、規模、形質、現在若しくは将来の利用の制限、環境、交通等の利便、代金、借賃等の対価の額若しくは支払方法その他の取引条件又は当該宅地建物取引業者若しくは取引の関係者の資力若しくは信用に関する事項であつて、宅地建物取引業者の相手方等の判断に重要な影響を及ぼすこととなるもの
二・三　（略）

Q24 建物状況調査実施後の大規模災害

建物状況調査を実施してから1年を経過する前に大規模な自然災害が発生した場合、当該建物状況調査についてどのよう扱えばよろしいでしょうか。

A 建物状況調査を実施してから1年以内の建物状況調査結果については、重要事項説明の対象となります（Q23参照）。

もっとも、建物状況調査を実施してから1年を経過する前に大規模な自然災害が発生した場合、建物状況調査結果と、現在の建物の劣化事象の発生状況とに食い違いが生じている可能性があり、当該建物状況調査を重要事項説明において、どのように取り扱うべきなのか、難しい問題が生じます。

しかし、自然災害等による建物への影響の有無及びその程度について具体的に判断することは困難であること、また、自然災害等が発生する以前の建物状況調査において劣化現象等が確認されていた場合などにはその結果が取引判断の参考になることから、当該建物状況調査を重要事項説明の対象とする必要があります。

なお、説明の際には、調査実施後に大規模な自然災害が発生した旨も併せて説明することが望ましいとされています。

参照資料：国土交通省「改正宅地建物取引業法に関するＱ＆Ａ〜「宅地建物取引業法」改正に伴う新たな制度に関して〜」

Ｑ 賃貸借契約の場合

　既存住宅の賃貸借契約を媒介する場合も、宅建業者は、建物状況調査の結果の概要について重要事項として説明する必要はありますか。

A　　既存住宅の賃貸借契約を媒介する場合も、宅地建物取引業者は、建物状況調査の実施の有無と建物状況調査の結果の概要について、重要事項として説明する必要があります。

参照資料：国土交通省「改正宅地建物取引業法に関するＱ＆Ａ～「宅地建物取引業法」改正に伴う新たな制度に関して～」

第4章

水害ハザードマップ

重要事項説明の理由

今回、重要事項に水害リスクに係る説明が追加された理由は何ですか。

A 『昨今、平成30年7月豪雨や令和元年台風19号など、甚大な被害をもたらす大規模水災害の頻発を受けて、不動産取引時において、水害リスクに係る情報が契約締結の意思決定を行う上で重要な要素となっていることを踏まえ、水防法（昭和24年法律第193号）に基づき作成された水害ハザードマップを活用し、水害リスクに係る説明を契約締結前までに行うことが必要となってきたことから、今回、重要事項に水害リスクに係る説明が追加されました。』

　『　』は、国土交通省「宅地建物取引業法施行規則の一部改正（水害リスク情報の重要事項説明への追加）に関するQ＆A」より引用。

水害ハザードマップ

水防法に基づく水害ハザードマップとはどのようなものを指しますか。

A 　水防法に基づく水害ハザードマップとは、水防法第15条第3項及び水防法施行規則第11条第1号の規定に基づいて市町村が提供する水害（洪水・雨水出水（内水）・高潮）ハザードマップです。重要事項説明では、取引の対象となる宅地又は建物の位置を含む水害ハザードマップを、洪水・内水・高潮のそれぞれについて提示し、当該宅地又は建物の概ねの位置を示すことにより説明を行うこととなります。

参照資料：国土交通省「宅地建物取引業法施行規則の一部改正（水害リスク情報の重要事項説明への追加）に関するＱ＆Ａ」

未更新の水害ハザードマップ

現行の水防法に規定する浸水想定区域（洪水・雨水出水・高潮）の法施行前に策定された古い水害ハザードマップがいまだ存在する自治体があり、現行法に対応する更新がなされていない場合、この古い水害ハザードマップについて説明することになりますか。

A 水害ハザードマップについては、市町村のホームページ等を確認し、入手可能な最新のものを説明する必要があります。なお、水防法の規定上、平成27年の改正以前の水防法に基づき作成された古い水害ハザードマップであっても、現行の水防法に基づくハザードマップと見なされるため、平成27年の改正以前の水防法に基づき作成された古い水害ハザードマップが存在し、現行法に対応する更新がなされていない場合も、古い水害ハザードマップについて説明する必要があります。

参照資料：国土交通省「宅地建物取引業法施行規則の一部改正（水害リスク情報の重要事項説明への追加）に関するQ＆A」

【参照条文】

宅地建物取引業法の解釈・運用の考え方
第三十五条第一項第十四号関係
法第三十五条第一項第十四号の省令事項（規則第十六条の四の三）について

　宅地の売買又は交換の契約に当たっては以下の１から３の２を、建物の売買又は交換の契約に当たっては１から６までの事項を、宅地の貸借の契約に当たっては１から３の２まで及び８から13までの事項を、建物の貸借の契約に当たっては１から５まで及び７から12までの事項を説明することとする。

１～３　（略）

３の２　水防法の規定による図面における宅地又は建物の所在地について（規則第十六条の四の三第三号の二関係）

　本説明義務は、売買・交換・貸借の対象である宅地又は建物が水防法（昭和二十四年法律第百九十三号）に基づき作成された水害（洪水・雨水出水（以下「内水」という。）・高潮）ハザードマップ（以下「水害ハザードマップ」という。）上のどこに所在するかについて消費者に確認せしめるものであり、取引の対象となる宅地又は建物の位置を含む水害ハザードマップを、洪水・内水・高潮のそれぞれについて提示し、当該宅地又は建物の概ねの位置を示すことにより行うこととする。

　本説明義務における水害ハザードマップは、取引の対象となる宅地又は建物が存する市町村（特別区を含む。以下同じ。）が配布する印刷物又は当該市町村のホームページ等に

掲載されたものを印刷したものであって、当該市町村のホームページ等を確認し入手可能な最新のものを用いることとする。

　当該市町村に照会し、当該市町村が取引の対象となる宅地又は建物の位置を含む水害ハザードマップの全部又は一部を作成せず、又は印刷物の配布若しくはホームページ等への掲載等をしていないことが確認された場合は、その照会をもって調査義務を果たしたことになる。この場合は、提示すべき水害ハザードマップが存しない旨の説明を行う必要がある。

　なお、本説明義務については、水害ハザードマップに記載されている内容の説明まで宅地建物取引業者に義務付けるものではないが、水害ハザードマップが地域の水害リスクと水害時の避難に関する情報を住民等に提供するものであることに鑑み、水害ハザードマップ上に記載された避難所について、併せてその位置を示すことが望ましい。

　また、水害ハザードマップに記載された浸水想定区域に該当しないことをもって、水害リスクがないと相手方が誤認することのないよう配慮するとともに、水害ハザードマップに記載されている内容については今後変更される場合があることを補足することが望ましい。

4〜13　（略）

Q4 水害ハザードマップの入手

説明に必要な水害ハザードマップは、どこで入手できますか。

A 『取引の対象となる宅地又は建物のある市町村のHP（ホームページ）から入手することが可能です。

また、市町村によっては、紙での配布を行っているところもあります。

当該市町村のHPに掲載がない場合、当該市町村の担当窓口までお問い合わせ下さい。

また、各市町村が作成したハザードマップへリンクし、地域ごとの様々な種類のハザードマップを閲覧できるサイトを、国土交通省において作成しており、こちらからもご確認いただけます。

（ハザードマップポータルサイト　https://disaportal.gsi.go.jp/）

上記サイトでもご確認いただけない場合には、各市町村にお問い合わせください。』

『　』は、国土交通省「宅地建物取引業法施行規則の一部改正（水害リスク情報の重要事項説明への追加）に関するQ＆A」より引用。

水害ハザードマップの照会

HP に掲載されている水防法に基づく水害ハザードマップが最新であるか、その都度、各市町村へ問い合わせする必要がありますか。

また、公表されている水害ハザードマップが水防法に基づくものかどうかわからない場合どのようにすれば良いでしょうか。

A 　取引の対象となる宅地又は建物のある市町村の HP（ホームページ）に掲載されている水害ハザードマップを最新のものとして差し支えありません。

なお、当該水害ハザードマップの作成時点がわかる場合には、作成時点を明記することが望ましいです。

水害ハザードマップが水防法に基づくものかどうかわからない場合は、当該水害ハザードマップを作成している市町村へお問い合わせください。

参照資料：国土交通省「宅地建物取引業法施行規則の一部改正（水害リスク情報の重要事項説明への追加）に関する Q & A」

Q6 ハザードマップの確認

水防法に基づく雨水出水ハザードマップや高潮ハザードマップは、どこで確認出来るのでしょうか。

A 　『各市町村が作成したハザードマップへリンクし、地域ごとの様々な種類のハザードマップを閲覧できるサイトを、国土交通省において作成しており、こちらからご確認いただけます。
（ハザードマップポータルサイト　https://disaportal.gsi.go.jp/）
　上記サイトでもご確認いただけない場合には、各市町村にお問い合わせください。』

　『　』は、国土交通省「宅地建物取引業法施行規則の一部改正（水害リスク情報の重要事項説明への追加）に関するQ＆A」より引用。

重要事項説明

重要事項説明として、何をどのような形で説明すればよいでしょうか。
また、重要事項説明書参考様式中の「水害ハザードマップにおける宅地建物の所在地」には何を記載すればよいでしょうか。

A 　水防法の規定に基づき市町村が作成する水害ハザードマップに、取引の対象となる宅地又は建物の位置が含まれている場合には、当該水害ハザードマップにおける当該宅地又は建物の所在地を示して説明しなければなりません。

具体的には、水防法に基づく水害ハザードマップを提示しながら、当該マップにおける取引の対象となる宅地又は建物の位置を示す必要があります。

また、重要事項説明書参考様式中の「水害ハザードマップにおける宅地建物の所在地」には、当該マップにて所在地を示す旨（「別紙のとおり。」、「別添ハザードマップ参照。」等）を記載することとされています。

参照資料：国土交通省「宅地建物取引業法施行規則の一部改正（水害リスク情報の重要事項説明への追加）に関するＱ＆Ａ」

Q8 水害ハザードマップの位置特定 ①

水防法に基づく水害ハザードマップ上で宅地建物の位置が特定できない場合、どうしたらよいですか。

A 『本説明義務は、水防法に基づく水害ハザードマップにおける宅地又は建物の地番まで正確に示すことを求めるものではなく、概ねの位置を示せば足りることとなります。位置が不明な場合は各市町村にお問い合わせください。』

『 』は、国土交通省「宅地建物取引業法施行規則の一部改正（水害リスク情報の重要事項説明への追加）に関するQ＆A」より引用。

Q9 水害ハザードマップの位置特定 ②

取引の対象となる宅地又は建物の概ねの位置をどのように示したら良いでしょうか。

A 　宅地又は建物の位置の具体的な示し方については、水害ハザードマップを提示の上、当該宅地又は建物の場所を指し示す、又は水害ハザードマップ上において当該宅地又は建物に印をつける、等が考えられます。

参照資料：国土交通省「宅地建物取引業法施行規則の一部改正（水害リスク情報の重要事項説明への追加）に関するQ＆A」

Q10 説明事項

宅地建物の所在地のみを説明すればよいのでしょうか。それ以外に何か説明する必要はありますか。

A 　例えば、近隣にある避難所についても、説明が義務付けられているものではないですが、水害ハザードマップが地域の水害リスクと水害時の避難に関する情報を住民等に提供するものであることから、水害ハザードマップ上に記載された避難所についてその位置を示すことが望ましいでしょう。

　また、水防法に基づく水害ハザードマップは、必要に応じて変更される旨も併せて説明することが望ましいでしょう。

　なお、水害ハザードマップに記載されている詳細な内容の確認については、当該水害ハザードマップを作成した自治体に問い合わせるよう、相手方に伝えることが望ましいとされています。

参照資料：国土交通省「宅地建物取引業法施行規則の一部改正（水害リスク情報の重要事項説明への追加）に関するQ＆A」

【参照条文】

宅地建物取引業法の解釈・運用の考え方
第三十五条第一項第十四号関係
法第三十五条第一項第十四号の省令事項（規則第十六条の四の三）について

　宅地の売買又は交換の契約に当たっては以下の1から3の2を、建物の売買又は交換の契約に当たっては1から6までの事項を、宅地の貸借の契約に当たっては1から3の2まで及び8から13までの事項を、建物の貸借の契約に当たっては1から5まで及び7から12までの事項を説明することとする。

1〜3　（略）

3の2　水防法の規定による図面における宅地又は建物の所在地について（規則第十六条の四の三第三号の二関係）

　本説明義務は、売買・交換・貸借の対象である宅地又は建物が水防法（昭和二十四年法律第百九十三号）に基づき作成された水害（洪水・雨水出水（以下「内水」という。）・高潮）ハザードマップ（以下「水害ハザードマップ」という。）上のどこに所在するかについて消費者に確認せしめるものであり、取引の対象となる宅地又は建物の位置を含む水害ハザードマップを、洪水・内水・高潮のそれぞれについて提示し、当該宅地又は建物の概ねの位置を示すことにより行うこととする。

　本説明義務における水害ハザードマップは、取引の対象となる宅地又は建物が存する市

町村（特別区を含む。以下同じ。）が配布する印刷物又は当該市町村のホームページ等に掲載されたものを印刷したものであって、当該市町村のホームページ等を確認し入手可能な最新のものを用いることとする。

　当該市町村に照会し、当該市町村が取引の対象となる宅地又は建物の位置を含む水害ハザードマップの全部又は一部を作成せず、又は印刷物の配布若しくはホームページ等への掲載等をしていないことが確認された場合は、その照会をもって調査義務を果たしたことになる。この場合は、提示すべき水害ハザードマップが存しない旨の説明を行う必要がある。

　なお、本説明義務については、水害ハザードマップに記載されている内容の説明まで宅地建物取引業者に義務付けるものではないが、水害ハザードマップが地域の水害リスクと水害時の避難に関する情報を住民等に提供するものであることに鑑み、水害ハザードマップ上に記載された避難所について、併せてその位置を示すことが望ましい。

　また、水害ハザードマップに記載された浸水想定区域に該当しないことをもって、水害リスクがないと相手方が誤認することのないよう配慮するとともに、水害ハザードマップに記載されている内容については今後変更される場合があることを補足することが望ましい。

4〜13　（略）

Q 11 避難所

水害ハザードマップ上に記載された避難所について、併せてその位置を示すことが望ましいとされていますが、この場合、別添の水害ハザードマップにて物件の所在地から最も近い避難所の位置を表示することでよろしいのでしょうか。

A 『位置を示した避難所が最適な避難所であると相手方が誤認することのないよう、物件周辺の複数の避難所の位置を水害ハザードマップにて示すことが望ましいと考えられます。

なお、水害ハザードマップに記載されている避難所についての詳細な内容の確認については、当該水害ハザードマップを作成した自治体に問い合わせるよう、相手方に伝えることが望ましいです。』

『 』は、国土交通省「宅地建物取引業法施行規則の一部改正（水害リスク情報の重要事項説明への追加）に関するＱ＆Ａ」より引用。

Q 説明方法

水害ハザードマップに記載された浸水想定区域に該当しないことをもって水害リスクがないと相手方が誤認することのないように配慮することが望ましいと「宅地建物取引業法の解釈・運用の考え方」にありますが、この場合の説明方法はどういったことが考えられますか。

A　例えば、水害ハザードマップに記載してある、「雨の降り方や土地利用の変化等により地図に示した浸水区域以外のところでも浸水することがありますので、ご注意ください」「洪水浸水想定区域に指定されていない区域においても浸水が発生する場合があります」というような文言を相手方に示しながら、当該文言を読み上げたうえで、詳細については市町村に問い合わせるよう案内することが考えられます。

参照資料：国土交通省「宅地建物取引業法施行規則の一部改正（水害リスク情報の重要事項説明への追加）に関するQ＆A」

【参照条文】
宅地建物取引業法の解釈・運用の考え方
第三十五条第一項第十四号関係
法第三十五条第一項第十四号の省令事項（規則第十六条の四の三）について
　宅地の売買又は交換の契約に当たっては以下の1から3の2を、建物の売買又は交換の契約に当たっては1から6までの事項を、宅地の貸借の契約に当たっては1から3の2まで及び8から13までの事項を、建物の貸借の契約に当たっては1から5まで及び7から12までの事項を説明することとする。
1～3　（略）
3の2　水防法の規定による図面における宅地又は建物の所在地について（規則第十六条の四の三第三号の二関係）
　本説明義務は、売買・交換・貸借の対象である宅地又は建物が水防法（昭和二十四年法律第百九十三号）に基づき作成された水害（洪水・雨水出水（以下「内水」という。）・高潮）ハザードマップ（以下「水害ハザードマップ」という。）上のどこに所在するかについて消費者に確認せしめるものであり、取引の対象となる宅地又は建物の位置を含む水害ハザードマップを、洪水・内水・高潮のそれぞれについて提示し、当該宅地又は建物の概ねの位置を示すことにより行うこととする。
　本説明義務における水害ハザードマップは、取引の対象となる宅地又は建物が存する市町村（特別区を含む。以下同じ。）が配布する印刷物又は当該市町村のホームページ等に掲載されたものを印刷したものであって、当該市町村のホームページ等を確認し入手可能

な最新のものを用いることとする。

　当該市町村に照会し、当該市町村が取引の対象となる宅地又は建物の位置を含む水害ハザードマップの全部又は一部を作成せず、又は印刷物の配布若しくはホームページ等への掲載等をしていないことが確認された場合は、その照会をもって調査義務を果たしたことになる。この場合は、提示すべき水害ハザードマップが存しない旨の説明を行う必要がある。

　なお、本説明義務については、水害ハザードマップに記載されている内容の説明まで宅地建物取引業者に義務付けるものではないが、水害ハザードマップが地域の水害リスクと水害時の避難に関する情報を住民等に提供するものであることに鑑み、水害ハザードマップ上に記載された避難所について、併せてその位置を示すことが望ましい。

　また、水害ハザードマップに記載された浸水想定区域に該当しないことをもって、水害リスクがないと相手方が誤認することのないよう配慮するとともに、水害ハザードマップに記載されている内容については今後変更される場合があることを補足することが望ましい。

4〜13　（略）

Q 詳細説明への対応

所在地が浸水想定区域に該当する場合等に、顧客からより詳細な説明を求められた場合、宅地建物取引業者はどのように対応したらいいですか。

A 重要事項説明では、水害ハザードマップにおける宅地建物の所在地の説明は必要ですが、水害ハザードマップに記載された浸水想定区域の意味や内容を取引の相手方が完全に理解できるように詳細な説明を行わなければならないということまでは必要ありません。

したがって、詳細な説明を求められた場合には、水害ハザードマップに記載のある市町村の窓口に問い合わせて頂くよう、ご案内ください。

参照資料：国土交通省「宅地建物取引業法施行規則の一部改正（水害リスク情報の重要事項説明への追加）に関するＱ＆Ａ」

水害ハザードマップ未作成の説明

市町村から、水防法に基づく水害ハザードマップを作成していないと言われました。ハザードマップを市町村が作成してない場合、どのような説明をすればよいのでしょうか。水害ハザードマップが存しない旨の説明をすればよいでしょうか。

A 宅建業者は、水害ハザードマップについて、市町村のホームページ等を確認し、入手可能な最新のものを調査することとなりますが、市町村に照会し、当該市町村が取引対象の位置を含む水害ハザードマップの全部又は一部を作成せず、ホームページ等への掲載等をしていないことが確認された場合は、その照会をもって調査義務を果たしたことになります。この場合は提示すべき水害ハザードマップが存しない旨の説明を行う必要があります。

参照資料：国土交通省「宅地建物取引業法施行規則の一部改正（水害リスク情報の重要事項説明への追加）に関するＱ＆Ａ」

【参照条文】

宅地建物取引業法の解釈・運用の考え方
第三十五条第一項第十四号関係
法第三十五条第一項第十四号の省令事項（規則第十六条の四の三）について

　宅地の売買又は交換の契約に当たっては以下の１から３の２を、建物の売買又は交換の契約に当たっては１から６までの事項を、宅地の貸借の契約に当たっては１から３の２まで及び８から13までの事項を、建物の貸借の契約に当たっては１から５まで及び７から12までの事項を説明することとする。

１～３　（略）

３の２　水防法の規定による図面における宅地又は建物の所在地について（規則第十六条の四の三第三号の二関係）

　本説明義務は、売買・交換・貸借の対象である宅地又は建物が水防法（昭和二十四年法律第百九十三号）に基づき作成された水害（洪水・雨水出水（以下「内水」という。）・高潮）ハザードマップ（以下「水害ハザードマップ」という。）上のどこに所在するかについて消費者に確認せしめるものであり、取引の対象となる宅地又は建物の位置を含む水害ハザードマップを、洪水・内水・高潮のそれぞれについて提示し、当該宅地又は建物の概ねの位置を示すことにより行うこととする。

　本説明義務における水害ハザードマップは、取引の対象となる宅地又は建物が存する市町村（特別区を含む。以下同じ。）が配布する印刷物又は当該市町村のホームページ等に

掲載されたものを印刷したものであって、当該市町村のホームページ等を確認し入手可能な最新のものを用いることとする。

　当該市町村に照会し、当該市町村が取引の対象となる宅地又は建物の位置を含む水害ハザードマップの全部又は一部を作成せず、又は印刷物の配布若しくはホームページ等への掲載等をしていないことが確認された場合は、その照会をもって調査義務を果たしたことになる。この場合は、提示すべき水害ハザードマップが存しない旨の説明を行う必要がある。

　なお、本説明義務については、水害ハザードマップに記載されている内容の説明まで宅地建物取引業者に義務付けるものではないが、水害ハザードマップが地域の水害リスクと水害時の避難に関する情報を住民等に提供するものであることに鑑み、水害ハザードマップ上に記載された避難所について、併せてその位置を示すことが望ましい。

　また、水害ハザードマップに記載された浸水想定区域に該当しないことをもって、水害リスクがないと相手方が誤認することのないよう配慮するとともに、水害ハザードマップに記載されている内容については今後変更される場合があることを補足することが望ましい。

4～13　（略）

不動産取引Q＆A

実務叢書 わかりやすい不動産の適正取引 シリーズ

2021年12月15日　第1版第1刷発行

監　修　熊　谷　則　一

編　集　（一財）不動産適正取引推進機構
　　　　　（略称：ＲＥＴＩＯ）

発行者　箕　浦　文　夫

発行所　株式会社大成出版社

〒156―0042
東京都世田谷区羽根木 1 ― 7 ―11　　TEL 03（3321）4131㈹
https://www.taisei-shuppan.co.jp/

©2021　（一財）不動産適正取引推進機構　　　　印刷　信教印刷
ISBN978―4―8028―3459―9

実務叢書 わかりやすい
不動産の適正取引 シリーズ

(一財) 不動産適正取引推進機構 編集

【実務叢書 発刊の趣旨】

● 近年の宅地建物取引業法に関する法令改正、裁判例の蓄積等に伴い、宅地建物取引業者、宅地建物取引士等に求められる知識、ノウハウが大幅に増加しています。

● 本実務叢書は、このような状況の中にあっても、宅地建物取引業者、宅地建物取引士等が、所要の知識等を身に着けて、不動産の適正取引を行うことができるよう、バランスの取れた知識等を、わかりやすい形で、普及することを目的に企画されたものです。

● 消費者の方々や不動産取引に関心のある方々等に役に立つものになることも、留意しています。

● 本実務叢書が、我が国における不動産の適正取引のさらなる推進や宅地建物取引業の信頼産業としての地位のさらなる確立に、役立つものになれば、幸いです。

Ⅰ　改訂版 不動産取引における 重要事項説明の要点解説
(一財)不動産適正取引推進機構　編著

Ⅱ　紛争事例で学ぶ 不動産取引のポイント
紛争事例研究会　著

Ⅲ　新版 わかりやすい 宅地建物取引業法
周藤 利一●藤川 眞行　著

Ⅳ　不動産媒介契約の要点解説
岡本 正治●宇仁 美咲　著

Ⅴ　不動産取引Q&A
熊谷 則一　監修
(一財)不動産適正取引推進機構　編著

＜刊行順。その他、今後、新たな企画・刊行も予定＞